COLEÇÃO
COMO SER UM PROFISSIONAL
NA INTERNET

LIVRO 4

CULTURA DO CANCELAMENTO

Prof. Marcão - Marcus Vinícius Pinto

© Copyright 2024 - Todos os direitos reservados.

As informações fornecidas neste documento são declaradas verdadeiras e consistentes, em que qualquer responsabilidade, em termos de desatenção ou de outra forma, por qualquer uso ou abuso de quaisquer políticas, processos ou orientações contidas nele é a responsabilidade única e absoluta do leitor.

Sob nenhuma circunstância qualquer responsabilidade legal ou culpa será mantida contra os autores por qualquer reparação, dano ou perda monetária devido às informações aqui contidas, seja direta ou indiretamente.

Os autores possuem todos os direitos autorais desta obra.

Questões legais

Este livro é protegido por direitos autorais. Isso é apenas para uso pessoal. Você não pode alterar, distribuir ou vender qualquer parte ou o conteúdo deste livro sem o consentimento dos autores ou proprietário dos direitos autorais. Se isso for violado, uma ação legal poderá ser iniciada.

As informações aqui contidas são oferecidas apenas para fins informativos e, portanto, são universais. A apresentação das informações é sem contrato ou qualquer tipo de garantia.

As marcas registradas que são utilizadas neste livro são utilizadas para exemplos ou composição de argumentos. Este uso é feito sem qualquer consentimento, e a publicação da marca é sem permissão ou respaldo do proprietário da marca registrada e são de propriedade dos próprios proprietários, não afiliado a este documento.

As imagens que estão aqui presentes sem citação de autoria são imagens de domínio público ou foram criadas pelos autores do livro.

Aviso de isenção de responsabilidade:

Observe que as informações contidas neste documento são apenas para fins educacionais e de entretenimento. Todos os esforços foram feitos para fornecer informações completas precisas, atualizadas e confiáveis. Nenhuma garantia de qualquer tipo é expressa ou implícita.

Ao ler este texto, o leitor concorda que, em nenhuma circunstância, os autores são responsáveis por quaisquer perdas, diretas ou indiretas, incorridas como resultado do uso das informações contidas neste livro, incluindo, mas não se limitando, a erros, omissões ou imprecisões.

ISBN: 9798333520708

Selo editorial: Independently published

Prefácio

Na era digital, onde a informação se propaga à velocidade da luz e a opinião pública se transforma em um tribunal virtual implacável, o cancelamento se tornou um fenômeno preocupante e de grande impacto.

Profissionais da internet, desde influenciadores digitais até grandes empresas, se veem cada vez mais suscetíveis a essa onda de críticas e ataques on-line que podem destruir reputações e carreiras em um piscar de olhos.

Este livro, LIVRO 4 – CULTURA DO CANCELAMENTO, o quarto da coleção "COMO SER UM PROFISSIONAL NA INTERNET", se dedica a desvendar os meandros da cultura do cancelamento no ambiente digital da Internet, oferecendo um guia prático e completo para profissionais que desejam se proteger nesse ambiente volátil.

Através de uma análise profunda de casos reais e exemplos concretos, exploraremos as causas e consequências do cancelamento, traçando estratégias para evitá-lo e lidar com ele de forma eficaz, caso ocorra.

Figura 1 – Você está cancelado.

Este livro é direcionado a todos os profissionais que atuam na internet, desde iniciantes até experientes, que buscam se aprofundar no tema do cancelamento e se proteger dos seus riscos. Influenciadores digitais, empreendedores on-line, criadores de conteúdo, jornalistas, políticos, artistas e qualquer pessoa que tenha uma presença on-line significativa se beneficiará dos insights e ferramentas apresentados neste guia.

Em um mundo cada vez mais conectado, onde a reputação on-line se tornou um ativo crucial para o sucesso, compreender o fenômeno do cancelamento e saber como se proteger dele é essencial para qualquer profissional da internet.

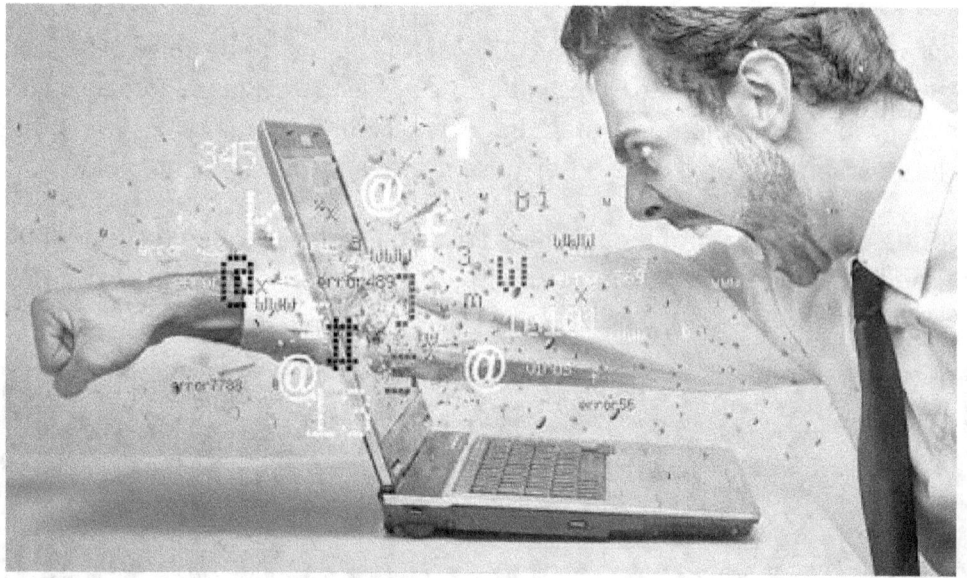

Figura 2 – Não seja vítima do cancelamento.

O cancelamento não precisa ser um obstáculo para o seu sucesso. Ao se munir de conhecimento, estratégias e ferramentas adequadas, você estará apto a enfrentar os desafios da era digital e construir uma presença on-line resiliente e autêntica.

Ao longo dos capítulos deste livro, você encontrará:

- Uma definição clara e contextualizada do que é o cancelamento na era digital.

- Uma análise aprofundada das causas que levam ao cancelamento, desde comportamentos inadequados até divergências de opinião.

- Um panorama das diversas consequências do cancelamento, tanto para a vida pessoal quanto profissional.

- Estratégias eficazes para prevenir o cancelamento, incluindo dicas para construir uma presença on-line autêntica e ética.

- Orientações práticas sobre como lidar com o cancelamento, caso ele ocorra, minimizando seus impactos negativos.

- Reflexões sobre como podemos construir uma internet mais positiva e tolerante, onde o diálogo construtivo prevaleça sobre o julgamento implacável.

- Estudos de casos reais e exemplos concretos de profissionais que enfrentaram o cancelamento, com análises detalhadas das causas, consequências e lições aprendidas.

- Ferramentas e recursos valiosos para aprofundar seus conhecimentos sobre o tema e se manter atualizado sobre as últimas tendências relacionadas ao cancelamento.

O livro, "LIVRO 4 – CULTURA DO CANCELAMENTO", juntamente com o curso "COMO SER UM PROFISSIONAL NA INTERNET", fornece a você uma base sólida para alcançar o sucesso na sua jornada on-line.

O curso está disponível na Hotmart e na Udemy.

Tenho certeza de que o conteúdo aqui presente pode fazer grande diferença na sua vida.

Boa leitura!
Bons aprendizados!
Ganhe muito dinheiro!

Prof. Marcão – Marcus Vinícius Pinto

Governança de Dados, Inteligência Artificial, Arquitetura de Informação e Empreendedorismo. Fundador, CEO, professor e orientador pedagógico da MVP Consult.

*Para minha amada Andréa,
que pode não estar sempre certa,
mas tem sempre razão.*

Sumário

1 CANCELAMENTO NA ERA DIGITAL: PROTEGENDO SUA IMAGEM E REPUTAÇÃO ON-LINE. **23**

1.1	O QUE É O CANCELAMENTO E COMO ELE SE MANIFESTA ON-LINE?	23
1.2	AS CAUSAS DO CANCELAMENTO.	25
1.3	AS CONSEQUÊNCIAS DO CANCELAMENTO PARA PROFISSIONAIS DA INTERNET.	25
1.4	ESTRATÉGIAS PARA EVITAR O CANCELAMENTO.	25
1.5	LIDANDO COM O CANCELAMENTO.	26
1.6	RECONSTRUINDO SUA IMAGEM: SUPERANDO O CANCELAMENTO.	26
1.7	ALÉM DA SOBREVIVÊNCIA.	27
1.8	CONSTRUINDO UMA INTERNET MAIS POSITIVA.	29
1.8.1	LIÇÕES APRENDIDAS.	30

2 UMA BREVE HISTÓRIA DO CANCELAMENTO: DA GRÉCIA ANTIGA À ERA DIGITAL. **32**

2.1	OSTRACISMO NA GRÉCIA ANTIGA: AS RAÍZES HISTÓRICAS DO CANCELAMENTO.	32
2.1.1	ARISTIDES, O JUSTO (488 a.C.).	32
2.1.2	TEMÍSTOCLES (492 a.C.).	33
2.1.3	LIÇÕES APRENDIDAS.	34
2.2	O "CANCELAMENTO" DE JESUS CRISTO: UMA ANÁLISE HISTÓRICA E TEOLÓGICA.	34
2.2.1	CAUSAS DO "CANCELAMENTO" DE JESUS:	34
2.2.2	CONSEQUÊNCIAS DO "CANCELAMENTO" DE JESUS.	35
2.2.3	ANÁLISE TEOLÓGICA:	35
2.2.4	LIÇÕES APRENDIDAS.	36
2.3	A INQUISIÇÃO: UM CAPÍTULO SOMBRIO DE PERSEGUIÇÃO E CANCELAMENTO.	36
2.3.1	GIORDANO BRUNO (1600).	37
2.3.2	GALILEU GALILEI (1633).	38
2.3.3	LIÇÕES APRENDIDAS.	40
2.4	HITLER E O CANCELAMENTO: UMA ANÁLISE HISTÓRICA COMPLEXA.	40
2.4.1	COMPREENDENDO O CONTEXTO HISTÓRICO.	40
2.4.2	ASCENSÃO AO PODER.	41
2.4.3	CRIME CONTRA A HUMANIDADE E DERROTA.	41
2.4.4	LEGADO E REFLEXÃO.	42
2.4.5	CANCELAMENTO OU REPÚDIO HISTÓRICO?	42
2.4.6	LIÇÕES PARA O PRESENTE.	44
2.5	MACARTISMO: A CAÇA ÀS BRUXAS NA ERA DA GUERRA FRIA.	44
2.5.1	CHARLIE CHAPLIN (1952).	45

2.5.2	ARTHUR MILLER (1956).	46
2.5.3	LIÇÕES APRENDIDAS.	47
2.6	**CANCELAMENTO NA ERA DIGITAL: UMA NOVA FRONTEIRA DE EXCLUSÃO.**	**47**
2.6.1	J.K. ROWLING (2020).	47
2.6.2	GINA CARANO (2021).	48
2.6.3	LIÇÕES APRENDIDAS.	50
2.7	**O FUTURO DO CANCELAMENTO: EM BUSCA DE UM EQUILÍBRIO.**	**50**
3	**CASOS DE CANCELAMENTO QUE EXEMPLIFICAM O QUE NÃO FAZER.**	**52**
3.1	**KÉFERA BUCHMANN: UMA QUEDA METEÓRICA.**	**52**
3.1.1	CAUSAS DO CANCELAMENTO.	53
3.1.2	CONSEQUÊNCIAS DO CANCELAMENTO.	53
3.2	**NEGO DO BOREL: ENTRE A FAMA E A CONTROVÉRSIA.**	**53**
3.2.1	CAUSAS DO CANCELAMENTO.	53
3.2.2	CONSEQUÊNCIAS DO CACELAMENTO.	54
3.2.3	REFLEXÕES E APRENDIZADOS.	54
3.2.4	LUIZA POSSI: UMA BRINCADEIRA INFELIZ COM REPERCUSSÕES SÉRIAS.	55
3.2.5	CAUSAS DO CANCELAMENTO.	56
3.2.6	CONSEQUÊNCIAS DO CANCELAMENTO.	56
3.3	**BRUNA MARQUEZINE: UMA OPINIÃO POLÊMICA E UM IMPACTO INESPERADO.**	**56**
3.3.1	CAUSAS DO CANCELAMENTO.	56
3.3.2	CONSEQUÊNCIAS DO CANCELAMENTO.	57
3.4	**5. DANILO GENTILI: PIADAS OFENSIVAS E UMA REAÇÃO INEVITÁVEL.**	**57**
3.4.1	CAUSAS DO CANCELAMENTO.	58
3.4.2	CONSEQUÊNCIAS DO CANCELAMENTO.	58
4	**CANCELAMENTO NA POLÍTICA: EXEMPLOS BRASILEIROS E REFLEXÕES APROFUNDADAS.**	**60**
4.1	**EDUARDO LEITE (PSDB): UM TWEET INFELIZ E UMA CANDIDATURA COMPROMETIDA.**	
		60
4.1.1	CAUSAS DO CANCELAMENTO:	61
4.1.2	CONSEQUÊNCIAS DO CANCELAMENTO:	61
4.2	**JOICE HASSELMANN (BOLSONARO-RJ): DESINFORMAÇÃO E ATAQUES À DEMOCRACIA,**	**61**
4.2.1	CAUSAS DO CANCELAMENTO.	62
4.2.2	CONSEQUÊNCIAS DO CANCELAMENTO.	62
4.3	**WILSON WITZEL (PSC): UM GOVERNO CONTURBADO E O FIM PREMATURO DE UM MANDATO**	**63**
4.3.1	CAUSAS DO CANCELAMENTO.	63

4.3.2   CONSEQUÊNCIAS DO CANCELAMENTO. 64

5 CANCELAMENTO NO MUNDO EMPRESARIAL: EXEMPLOS BRASILEIROS E REFLEXÕES APROFUNDADAS. 66

5.1 O IMPÉRIO DESMORONADO: A ASCENSÃO E QUEDA ESTRONDOSA DE EIKE BATISTA. 66
5.1.1   ASCENSÃO METEÓRICA: UM SONHO BRASILEIRO EM CONSTRUÇÃO. 66
5.1.2   A QUEDA LIVRE: ESCÂNDALOS, ACUSAÇÕES E O FIM DE UM SONHO. 67
5.1.3   CONSEQUÊNCIAS DEVASTADORAS: O IMPÉRIO EM RUÍNAS. 68
5.1.4   LIÇÕES AMARGAS: UMA REFLEXÃO SOBRE O "CANCELAMENTO". 68
5.2 AMERICANAS: UM ESQUEMA DE FRAUDE E A DESCONFIANÇA DOS INVESTIDORES. 69
5.2.1   CAUSAS DO CANCELAMENTO. 69
5.2.2   CONSEQUÊNCIAS DO CANCELAMENTO. 69
5.3 NATURA: UM COMERCIAL POLÊMICO E A REVOLTA DOS CONSUMIDORES 69
5.3.1   CAUSAS DO CANCELAMENTO. 70
5.3.2   CONSEQUÊNCIAS DO CANCELAMENTO. 70
5.3.3   LIÇÕES APRENDIDAS. 71

6 CANCELAMENTO NO ESPORTE PROFISSIONAL. 74

6.1 NEYMAR JR. (PSG): ACUSAÇÕES GRAVES E O FIM DE UM SONHO. 74
6.1.1   CAUSAS DO CANCELAMENTO. 75
6.1.2   CONSEQUÊNCIAS DO CANCELAMENTO. 75
6.2 LANCE ARMSTRONG (CICLISMO): UMA TRAPAÇA HISTÓRICA E A QUEDA DE UM HERÓI 75
6.2.1   CAUSAS DO CANCELAMENTO. 76
6.2.2   CONSEQUÊNCIAS DO CANCELAMENTO. 77
6.3 MARIA SHARAPOVA (TÊNIS). UMA SUSPENSÃO POR DOPING E O RETORNO INCERTO 77
6.3.1   CAUSAS DO CANCELAMENTO. 78
6.3.2   CONSEQUÊNCIAS DO CANCELAMENTO. 78
6.3.3   LIÇÕES APRENDIDAS. 79

7 CANCELAMENTO NO MUNDO DOS JORNALISTAS. 81

7.1 GLENN GREENWALD (THE INTERCEPT): REVELAÇÕES CONTROVERSAS E O FIM DE UMA ERA. 81
7.1.1   CAUSAS DO CANCELAMENTO. 82
7.1.2   CONSEQUÊNCIAS DO CANCELAMENTO: 82
7.2 O CANCELAMENTO DE WILLIAM WAACK E SUAS REPERCUSSÕES 83

7.2.1	AS CAUSAS DO CANCELAMENTO.	84
7.2.2	CONSEQUÊNCIAS PARA WILLIAM WAACK.	84
7.2.3	REFLEXÕES SOBRE O CASO.	84
7.2.4	LIÇÕES APRENDIDAS.	85

8 CANCELAMENTO NO MUNDO DOS WOKES. 87

8.1 CONTRAPOINTS (YOUTUBER): CRÍTICAS CONTROVERSAS E A DIVISÃO DA COMUNIDADE. 87

8.1.1	CAUSAS DO CANCELAMENTO.	88
8.1.2	CONSEQUÊNCIAS DO CANCELAMENTO.	88
8.1.3	AQUI ESTÃO ALGUMAS LIÇÕES QUE OS "WOKES" PODEM APRENDER COM O CANCELAMENTO.	88

9 CANCELAMENTO NO MUNDO DOS CANTORES APELATIVOS. 91

9.1 MC KEVINHO (FUNKEIRO): ACUSAÇÕES DE ABUSO SEXUAL E O FIM DE UMA ASCENSÃO 91

9.1.1	CAUSAS DO CANCELAMENTO.	92
9.1.2	CONSEQUÊNCIAS DO CANCELAMENTO:	92

9.2 ANITTA (CANTORA POP): COMPORTAMENTOS POLÊMICOS E CRÍTICAS CONSTANTES. 92

9.2.1	CAUSAS DO CANCELAMENTO.	93
9.2.2	CONSEQUÊNCIAS DO CANCELAMENTO.	94

9.3 CARDI B (RAPPER): ACUSAÇÕES DE VIOLÊNCIA DOMÉSTICA E QUESTIONAMENTOS SOBRE CARÁTER 94

9.3.1	CAUSAS DO CANCELAMENTO:	94
9.3.2	CONSEQUÊNCIAS DO CANCELAMENTO:	95

10 CANCELAMENTO NO MUNDO DOS ATORES DE HOLLYWOOD: EXEMPLOS DE LIÇÕES APROFUNDADAS. 98

10.1 KEVIN SPACEY (ATOR): ACUSAÇÕES DE ABUSO SEXUAL E O FIM DE UMA CARREIRA 98

10.1.1	CAUSAS DO CANCELAMENTO:	99
10.1.2	CONSEQUÊNCIAS DO CANCELAMENTO.	99

10.2 JOHNNY DEPP (ATOR): ACUSAÇÕES DE VIOLÊNCIA DOMÉSTICA E BATALHA JUDICIAL 99

10.2.1	CAUSAS DO CANCELAMENTO:	100
10.2.2	CONSEQUÊNCIAS DO CANCELAMENTO:	100

10.3 MEL GIBSON (ATOR E DIRETOR): COMPORTAMENTOS RACISTAS E ANTISSEMITAS E QUEDA EM DESGRAÇA. **100**
10.3.1 CAUSAS DO CANCELAMENTO. 101
10.3.2 CONSEQUÊNCIAS DO CANCELAMENTO. 101

11 CANCELAMENTO NA REALEZA BRITÂNICA. **105**

11.1 PRÍNCIPE ANDREW (DUQUE DE YORK): ESCÂNDALO SEXUAL E ABDICAÇÃO DOS DEVERES REAIS **105**
11.1.1 CAUSAS DO CANCELAMENTO. 106
11.1.2 CONSEQUÊNCIAS DO CANCELAMENTO. 106
11.2 PRÍNCIPE HARRY E MEGHAN MARKLE (DUQUES DE SUSSEX): ABANDONO DA REALEZA E CRÍTICAS À INSTITUIÇÃO **107**
11.2.1 CAUSAS DO CANCELAMENTO (PERCEPÇÃO). 108
11.2.2 CONSEQUÊNCIAS DO CANCELAMENTO (PERCEPÇÃO). 108
11.2.3 LIÇÕES PARA A REALEZA BRITÂNICA. 108

12 CANCELAMENTO NO MUNDO DA ALTA MODA. **111**

12.1 BALENCIAGA: UMA ANÁLISE DO CAOS E REFLEXÕES SOBRE O CANCELAMENTO NA ERA DIGITAL. **111**
12.1.1 A POLÊMICA E AS ACUSAÇÕES. 112
12.1.2 RESPOSTA DA BALENCIAGA E TENTATIVAS DE REPARAÇÃO: 112
12.1.3 O COMPLEXO "CANCELAMENTO". 112
12.1.4 REFLEXÕES E LIÇÕES APRENDIDAS. 113
12.2 JOHN GALLIANO E A DIOR: UMA QUEDA DO OLIMPO DA MODA E O DILEMA DO CANCELAMENTO. **113**
12.2.1 ASCENSÃO METEÓRICA E QUEDA ESTRONDOSA. 114
12.2.2 CAUSAS DO CANCELAMENTO. 114
12.2.3 CONSEQUÊNCIAS DEVASTADORAS E O DILEMA DO CANCELAMENTO. 114
12.2.4 REFLEXÕES SOBRE O CANCELAMENTO E A BUSCA POR REABILITAÇÃO. 115
12.3 DOLCE & GABBANA (MARCA ITALIANA): CAMPANHA RACISTA E BOICOTE GLOBAL. **116**
12.3.1 CAUSAS DO CANCELAMENTO. 116
12.3.2 CONSEQUÊNCIAS DO CANCELAMENTO: 117
12.4 VICTORIA'S SECRET (MARCA AMERICANA DE LINGERIE): CRÍTICAS À EXCLUSIVIDADE E FALTA DE DIVERSIDADE **117**
12.4.1 CAUSAS DO CANCELAMENTO (PERCEPÇÃO): 117
12.5 LIÇÕES APRENDIDAS. **119**

13 CANCELAMENTO NO MUNDO DA MEDICINA. **121**

13.1 DR. ANDREW WAKEFIELD (MÉDICO PEDIATRA): FRAUDE CIENTÍFICA E PERDA DE LICENÇA MÉDICA. — 121
13.1.1 CAUSAS DO CANCELAMENTO. — 122
13.1.2 CONSEQUÊNCIAS DO CANCELAMENTO. — 122
13.2 DR. MEHMET OZ (CARDIOLOGISTA E PERSONALIDADE DA TV): PROMOÇÃO DE PRODUTOS DUVIDOSOS E PERDA DE CREDIBILIDADE. — 122
13.2.1 CAUSAS DO CANCELAMENTO (PERCEPÇÃO). — 123
13.2.2 CONSEQUÊNCIAS DO CANCELAMENTO (PERCEPÇÃO): — 124
13.3 DRA. ELIZABETH BLACKWELL (PRIMEIRA MULHER A SE FORMAR EM MEDICINA): DIFICULDADES E PRECONCEITO. — 124
13.3.1 CAUSAS DO CANCELAMENTO (PERCEPÇÃO). — 125
13.3.2 CONSEQUÊNCIAS DO CANCELAMENTO (PERCEPÇÃO): — 125
13.4 LIÇÕES APRENDIDAS. — 125

14 CANCELAMENTO NO MUNDO DO PRÊMIO NOBEL. — 128

14.1 ALFRED NOBEL (CRIADOR DO PRÊMIO NOBEL): CRÍTICAS À INVENÇÃO DA DINAMITE. — 128
14.1.1 CAUSAS DO CANCELAMENTO (PERCEPÇÃO). — 129
14.1.2 CONSEQUÊNCIAS DO CANCELAMENTO (PERCEPÇÃO): — 129
14.2 DARIO FO (DRAMATURGO ITALIANO): CONTROVÉRSIAS POLÍTICAS E BOICOTE À PREMIAÇÃO. — 129
14.2.1 CAUSAS DO CANCELAMENTO (PERCEPÇÃO). — 129
14.2.2 CONSEQUÊNCIAS DO CANCELAMENTO (PERCEPÇÃO). — 130
14.3 OLGA TOKARCZUK (ESCRITORA POLONESA): ACUSAÇÕES DE MISOGINIA E BOICOTE À PREMIAÇÃO — 131
14.3.1 CAUSAS DO CANCELAMENTO (PERCEPÇÃO). — 131
14.3.2 CONSEQUÊNCIAS DO CANCELAMENTO (PERCEPÇÃO). — 132
14.4 NELSON MANDELA (EX-PRESIDENTE DA ÁFRICA DO SUL): CRÍTICAS AO PASSADO COMO TERRORISTA E BOICOTE À PREMIAÇÃO. — 132
14.4.1 CAUSAS DO CANCELAMENTO (PERCEPÇÃO). — 133
14.5 CONSEQUÊNCIAS DO CANCELAMENTO (PERCEPÇÃO). — 133
14.6 LIÇÕES APRENDIDAS. — 133

15 CANCELAMENTO NA PSICANÁLISE: DESVENDANDO CAUSAS E CONSEQUÊNCIAS EM CASOS EMBLEMÁTICOS. — 136

15.1 JORDAN PETERSON. — 137
15.1.1 CAUSAS DO "CANCELAMENTO" DE JORDAN PETERSON. — 138
15.1.2 CONSEQUÊNCIAS DO "CANCELAMENTO" DE JORDAN PETERSON. — 138
15.1.3 ANÁLISE DO "CANCELAMENTO". — 138

15.2	**LIÇÕES APRENDIDAS.**	**139**

16	**CANCELADOS NO BIG BROTHER BRASIL.**	**141**

16.1	**CONSEQUÊNCIAS.**	**142**
16.2	**EXEMPLOS DE PARTICIPANTES DO BBB CANCELADOS.**	**142**
16.2.1	ALINE GOTSCHALG (BBB 15).	142
16.3	**KAROL CONKÁ: UM CASO À PARTE.**	**142**
16.3.1	BIG BROTHER BRASIL E O FENÔMENO DO CANCELAMENTO.	143
16.3.2	CONSEQUÊNCIAS E REFLEXÕES.	144
16.3.3	TRAJETÓRIA ATUAL E RESSIGNIFICAÇÃO.	144
16.3.4	Alguns pontos importantes a serem considerados.	144

17	**A ASCENSÃO E QUEDA SOB A SOMBRA DO CANCELAMENTO: O DILEMA DOS YOUTUBERS ENTRE FAMA, LUCROS E SAÚDE MENTAL**	**147**

17.1	**WINDERSON NUNES: O HUMOR QUE VIROU PESADELO.**	**147**
17.2	**WESLEY SAFADÃO: DOS PALCOS PARA O ISOLAMENTO.**	**148**
17.3	**O LADO OBSCURO DA FAMA: DEPRESSÃO E BURNOUT**	**149**

18	**A CULTURA DO CANCELAMENTO: UMA REFLEXÃO A TÍTULO DE CONCLUSÃO SOBRE A ERA DIGITAL E A HUMANIDADE.**	**152**

18.1	**A SOMBRA DO JULGAMENTO IMPLACÁVEL.**	**152**
18.2	**FILOSOFIA E PSICANÁLISE: REFLEXÕES SOBRE O HUMANO.**	**153**
18.2.1	NIETZSCHE E A "MORAL DOS SENHORES".	154
18.2.2	FREUD E O "INCONSCIENTE REPRIMIDO".	156
18.3	**UMA SOCIEDADE DIGITAL MAIS HUMANA: SUPERANDO A CULTURA DO CANCELAMENTO.**	**157**
18.4	**A BUSCA POR UM EQUILÍBRIO.**	**158**
18.5	**EVOLUÇÃO OU REGRESSÃO?**	**160**
18.6	**UM FUTURO INCERTO.**	**161**

19	**CONHEÇA O AUTOR**	**167**

19.1	**COMO CONTATAR O PROF. MARCÃO.**	**171**

20	**COLEÇÕES DE LIVROS DO PROF. MARCÃO.**	**173**

20.1	COLEÇÃO DADOS ABERTOS.	173
20.2	Coleção Governança de Dados.	176
20.3	COLEÇÃO INTELIGÊNCIA ARTIFICIAL.	179
20.4	COLEÇÃO BIG DATA.	182
20.5	COLEÇÃO PROCESSO DE *DATA WAREHOUSE*.	185
20.6	COLEÇÃO CIÊNCIA DA INFORMAÇÃO.	188
20.7	COLEÇÃO JOAQUIM EMANUEL PINFA.	190
20.8	COLEÇÃO VOCÊ EMPREENDEDOR.	192
20.9	COLEÇÃO VOCÊ MELHOR.	195
20.10	CURSO EM VIDEOAULAS + EBOOK GRATUITO. COMO SER UM PROFISSIONAL NA INTERNET.	199
20.11	CURSO EM VIDEOAULAS. GARANTA-SE NO MERCADO DE TRABALHO ATUAL E FUTURO.	202

21   BIBLIOGRAFIA.   205

21.1   REFERÊNCIAS BIBLIOGRÁFICAS.   206

Índice de figuras

Figura 1 – Você está cancelado. _____ 5
Figura 2 – Não seja vítima do cancelamento. _____ 6
Figura 3 – Linchamento virtual. _____ 23
Figura 4 – Sobreviver é difícil, mas não é impossível. _____ 28
Figura 5 – Aristides, o justo. _____ 32
Figura 6 – Temístocles. _____ 33
Figura 7 – Jesus Cristo. _____ 35
Figura 8 – O tribunal da inquisição. _____ 37
Figura 9 – Giordano Bruno. _____ 37
Figura 10 - Galileu Galilei. _____ 39
Figura 11 – Adolf Hitler. _____ 41
Figura 12 – Auschwitz. _____ 42
Figura 13 – Joseph McCarthy. _____ 44
Figura 14 – Charlie Chaplin. _____ 45
Figura 15 – Arthur Miller. _____ 46
Figura 16 – J. K. Rowling. _____ 48
Figura 17 – Gina Carano. _____ 49
Figura 18 - Kéfera Buchmann. _____ 52
Figura 19 - Nego do Borel e Duda Reis. _____ 54
Figura 20 - Luiza Possi. _____ 55
Figura 21 - Danilo Gentili. _____ 57
Figura 22 – Eduardo Leite. _____ 60
Figura 23 - Joice Hasselman. _____ 62
Figura 24 - Wilson Witzel. _____ 63
Figura 25 - Eike Batista. _____ 67
Figura 26 – Tammy Miranda na campanha do Dia dos Pais. Uma trans representando a paternidade. _____ 70
Figura 27 - Neymar Jr. _____ 74
Figura 28 - Lance Armstrong. _____ 76
Figura 29 - Maria Sharapova. _____ 77
Figura 30 - Glenn Greenwald. _____ 81
Figura 31 -William Waack _____ 83
Figura 32 - Natalie Wynn (ContraPoints). _____ 87
Figura 33 - MC Kevinho.MC Kevinho. _____ 91
Figura 34 - Anitta. _____ 93
Figura 35 - Kevin Spacey. _____ 98
Figura 36 - Mel Gibson. _____ 101
Figura 37 _____ 105
Figura 38 - Príncipe Andrew. _____ 105
Figura 39 - Príncipe Harry e Meghan Markle. _____ 107
Figura 40 – Ursinhos BDSM da Balenciaga. _____ 111
Figura 41 - Dolce & Gabbana. _____ 116
Figura 42 – Modelos da Victoria's Secret. _____ 118
Figura 43 - o Dr. Andrew Wakefield. _____ 121

Figura 44 – Dr. Oz. _____ 123
Figura 45 - Dra. Elizabeth Blackwell. _____ 124
Figura 46 – Alfred Bernhard Nobel. _____ 128
Figura 47 - Dario Luigi Angelo Fo. _____ 130
Figura 48 - Olga Nawoja Tokarczuk. _____ 131
Figura 49 - Nelson Rolihlahla Mandela. _____ 132
Figura 50 - Jordan Peterson. _____ 137
Figura 51 - Karol Conká. _____ 143
Figura 52 – Winderson Nunes. _____ 147
Figura 53 - Wesley Safadão. _____ 148
Figura 54 – Coleção Dados Abertos. _____ 175
Figura 55 – Coleção Governança de Dados. _____ 178
Figura 56 – Coleção Inteligência Artificial. _____ 181
Figura 57 – Coleção Big Data. _____ 184
Figura 58 – Coleção Processo de Data Warehousing. _____ 187
Figura 59 – Coleção Ciência da Informação. _____ 189
Figura 60 – Coleção Joaquim Emanuel Pinfa. _____ 191
Figura 61 – Coleção Você Empreendedor. _____ 194
Figura 62 – Coleção Você Melhor. _____ 198
Figura 63 – Curso Como ser um Profissional na Internet. _____ 201
Figura 64 - Garanta-se no Mercado de Trabalho Atual e Futuro. _____ 204
Figura 65 - Vamos valorizar os professores. _____ 212

"São os passos que fazem os caminhos."

MÁRIO QUINTANA

Livro 4 — Cultura do Cancelamento.

1 CANCELAMENTO NA ERA DIGITAL: PROTEGENDO SUA IMAGEM E REPUTAÇÃO ON-LINE.

No acelerado mundo digital, onde a informação flui em um ritmo frenético, o "cancelamento" se tornou um fenômeno preocupante, especialmente para profissionais da internet.

Essa prática, que se caracteriza pela rápida e implacável desmoralização e exclusão de um indivíduo do espaço virtual, pode ter consequências devastadoras para a carreira, a reputação e até mesmo a saúde mental.

1.1 O QUE É O CANCELAMENTO E COMO ELE SE MANIFESTA ON-LINE?

O cancelamento, um termo que se tornou cada vez mais comum nos últimos anos, representa um movimento on-line que visa boicotar e excluir indivíduos, marcas ou eventos considerados inaceitáveis ou que violam os valores de um grupo.

Figura 3 – Linchamento virtual.

Essa prática, também conhecida como "cultura do cancelamento" ou "linchamento virtual", se manifesta de diversas maneiras, incluindo:

1. Campanhas de Ódio.

- A difusão de mensagens de ódio, ofensas e ataques direcionados a uma pessoa ou grupo específico, geralmente por meio de redes sociais e plataformas on-line.

- O objetivo é gerar humilhação, constrangimento e até mesmo incitar a violência contra o alvo do cancelamento.

2. Ataques nas Redes Sociais.

- A utilização de plataformas on-line para bombardear o alvo com críticas negativas, comentários maldosos e memes depreciativos.

- A pressão social e o constrangimento público são os principais instrumentos para causar danos à reputação e à imagem do indivíduo.

3. Boicotes a Produtos e Serviços.

- A organização de campanhas on-line para incentivar o boicote a produtos, serviços ou empresas associadas ao alvo do cancelamento.

- O objetivo é pressionar economicamente a empresa ou indivíduo, causando prejuízos financeiros e constrangimento.

4. Ameaças e Assediadores.

- A utilização de mensagens intimidatórias, ameaças de violência e assédio on-line para intimidar e silenciar o alvo do cancelamento.

- Essa prática configura crime e pode ter graves consequências psicológicas e emocionais para a vítima.

1.2 AS CAUSAS DO CANCELAMENTO.

As raízes do cancelamento são complexas e multifacetadas, mas algumas das principais causas incluem:

- Comportamentos inaceitáveis: atitudes como ofensas, discriminação, racismo, sexismo, homofobia, discurso de ódio, plágio, entre outras, podem levar ao cancelamento.

- Falsas informações: a difusão de notícias falsas, boatos e informações distorcidas pode gerar um julgamento precipitado e injusto, levando ao cancelamento.

- Diferenças de opinião: discordâncias ideológicas ou políticas podem ser utilizadas como justificativa para o cancelamento, mesmo que as opiniões sejam expressas de forma respeitosa.

- Comportamento on-line inadequado: posts antigos, comentários inoportunos ou comportamentos questionáveis nas redes sociais podem ser resgatados e utilizados para iniciar um processo de cancelamento.

1.3 AS CONSEQUÊNCIAS DO CANCELAMENTO PARA PROFISSIONAIS DA INTERNET.

O cancelamento pode ter consequências devastadoras para a carreira e a reputação de um profissional da internet, incluindo:

- Perda de clientes e seguidores: o boicote e a recusa em consumir produtos ou serviços podem levar a uma queda significativa na renda.

- Danos à reputação: a imagem profissional pode ser severamente prejudicada, dificultando a obtenção de novos projetos ou parcerias.

- Problemas de saúde mental: o linchamento virtual pode gerar sofrimento emocional, ansiedade, depressão e até mesmo pensamentos suicidas.

1.4 ESTRATÉGIAS PARA EVITAR O CANCELAMENTO.

- Manter um comportamento ético e profissional: respeitar os outros, evitar ofensas, discriminação e discurso de ódio, e agir com responsabilidade nas redes sociais.

- Ser autêntico e transparente: mostrar sua personalidade verdadeira e evitar fingir ser algo que não é.

- Assumir a responsabilidade por seus atos: se errar, reconheça o erro, peça desculpas e demonstre aprendizado com a situação.

- Ter cuidado com o que publica on-line: pense antes de publicar qualquer conteúdo, evitando posts impulsivos ou que possam ser mal interpretados.

- Cultivar relacionamentos positivos: interagir de forma construtiva com outras pessoas on-line, construir uma comunidade de apoio e evitar alimentar polêmicas desnecessárias.

1.5 LIDANDO COM O CANCELAMENTO.

Se você foi vítima de cancelamento, é importante:

- Manter a calma e não alimentar a negatividade: evite responder aos ataques nas redes sociais e mantenha a compostura.

- Pedir desculpas sinceramente: se você errou, reconheça o erro e demonstre arrependimento de forma honesta e transparente.

- Assumir a responsabilidade por seus atos: explique o que aconteceu e demonstre que você está tomando medidas para evitar que se repita.

- Buscar ajuda profissional: se necessário, procure um psicólogo ou outro profissional de saúde mental para lidar com as consequências emocionais do cancelamento.

1.6 RECONSTRUINDO SUA IMAGEM: SUPERANDO O CANCELAMENTO.

Reconstruir a imagem após o cancelamento é um processo que requer resiliência, paciência e comprometimento.

Aqui estão algumas estratégias para te ajudar a se reerguer:

- Desligue-se temporariamente: às vezes, o melhor a fazer é se afastar temporariamente das redes sociais. Isso permite que o calor do momento diminua e a atenção se disperse para outros assuntos.

- Reflita e aprenda: analise a situação que desencadeou o cancelamento. O que você fez de errado? O que poderia ter sido diferente? Use esse aprendizado para evoluir como pessoa e profissional.

- Peça desculpas sinceramente: se você cometeu um erro, reconheça publicamente e peça desculpas de forma genuína. Demonstre arrependimento e comprometimento com a mudança.

- Tome medidas corretivas: se necessário, tome ações concretas para demonstrar mudança. Isso pode envolver cursos, workshops, engajamento em causas sociais, ou qualquer iniciativa que demonstre seu aprendizado e comprometimento.

- Foque em conteúdo positivo: quando retornar às redes sociais, compartilhe conteúdo relevante, informativo e que agregue valor ao seu público. Destaque seus pontos fortes e expertise.

- Reconecte-se com a comunidade: engaje-se positivamente com o público. Responda a comentários respeitosos, participe de discussões construtivas e demonstre que está aberto ao diálogo.

- Seja paciente: reconquistar a confiança do público leva tempo. Não desanime com a falta de resultados imediatos. Continue produzindo conteúdo de qualidade e focando em construir relações sólidas on-line.

Tenha em mente que o cancelamento não é o fim da linha. Com dedicação e comprometimento, é possível reconstruir sua imagem e reputação on-line.

1.7 ALÉM DA SOBREVIVÊNCIA.

O fenômeno do cancelamento traz à tona a necessidade de construir um ambiente on-line mais saudável e positivo.

Aqui estão algumas atitudes que podemos adotar:

- Pense antes de compartilhar: verifique a procedência de informações antes de repassá-las. Não contribua para a disseminação de notícias falsas.

- Pratique a empatia: seja tolerante com as diferenças de opinião. Tente compreender o ponto de vista do outro antes de julgar ou atacar.

- Promova o diálogo construtivo: engaje-se em debates respeitosos e focados em soluções. Evite a polarização e o discurso de ódio.

- Denuncie abusos: se você vê alguém sendo vítima de assédio ou ofensas on-line, denuncie o caso às plataformas e às autoridades competentes.

- Seja um agente da mudança: use sua voz on-line para promover a inclusão, o respeito e a civilidade. Seja o exemplo de comportamento que você espera ver dos outros.

Figura 4 – Sobreviver é difícil, mas não é impossível.

Tenha em mente que a internet é um espaço público, e suas ações on-line podem ter consequências no mundo real. Seja responsável com o que você publica e compartilha on-line.

Respeite as diferenças e evite comentários que possam ofender ou prejudicar outras pessoas. Não alimente a cultura do cancelamento e busque soluções pacíficas para conflitos on-line.

Se você for vítima de cancelamento, mantenha a calma, busque ajuda profissional e siga os passos para reconstruir sua imagem on-line.

1.8 CONSTRUINDO UMA INTERNET MAIS POSITIVA.

Ao seguir estas dicas, você contribuirá para um ambiente on-line mais positivo, respeitoso e inclusivo. Juntos, podemos construir uma internet onde a diversidade de ideias seja valorizada e o diálogo construtivo prevaleça sobre o ódio e o cancelamento.

A internet é uma ferramenta poderosa, mas também pode ser um terreno hostil. Ao adotar um comportamento ético, respeitoso e profissional, é possível construir uma reputação sólida on-line e minimizar as chances de ser vítima do cancelamento.

No entanto, caso o cancelamento ocorra, é importante saber como reagir, assumir a responsabilidade, se retratar e reconstruir sua imagem com resiliência e persistência.

A internet é dinâmica, e é possível superar momentos difíceis, desde que se mantenha o foco na ética, no aprendizado e na construção de relações positivas on-line.

Embora o cancelamento possa ser utilizado para silenciar vozes dissidentes e promover perseguições virtuais, é importante reconhecer seu potencial positivo como ferramenta de responsabilização social.

O cancelamento pode ser utilizado para:

- Denunciar injustiças e abusos de poder.
- Cobrar atitudes éticas e responsáveis de figuras públicas.
- Ampliar o debate público sobre questões sociais importantes.
- Exemplos Notáveis:

Exemplos notáveis.

- Movimento #MeToo (2017): o movimento social utilizou o poder das redes sociais para denunciar casos de abuso sexual e assédio por parte de homens poderosos, gerando uma onda de conscientização e responsabilização.
- Boicote contra a marca Dolce & Gabbana (2018): após uma campanha publicitária considerada racista, a marca sofreu um boicote global que a forçou a se desculpar publicamente.

1.8.1 LIÇÕES APRENDIDAS.

O cancelamento pode ser um instrumento eficaz para promover mudanças sociais positivas e combater a impunidade.

É crucial diferenciar o cancelamento utilizado para silenciar o debate do cancelamento utilizado para denunciar comportamentos reprováveis.

Lembre-se: Você tem o poder de fazer a diferença!

"A cultura do cancelamento nos torna menos propensos a ter conversas difíceis, menos propensos a mudar de ideia e menos propensos a perdoar as pessoas."

Malcolm Gladwell[1]

---

[1]Autor e pensador influente sobre tópicos sociais. Sua análise da cultura do cancelamento é perspicaz e oferece uma perspectiva valiosa sobre seus impactos negativos.
O trabalho de Gladwell explora frequentemente as complexidades do comportamento humano, o que o torna qualificado para comentar sobre as nuances da cultura do cancelamento e suas motivações psicológica

2 UMA BREVE HISTÓRIA DO CANCELAMENTO: DA GRÉCIA ANTIGA À ERA DIGITAL.

O cancelamento, como um fenômeno social de exclusão e repúdio, não é um conceito recente. Ao longo da história, a humanidade testemunhou diversas formas de ostracismo, perseguições e condenações públicas que, em sua essência, se assemelham ao que hoje conhecemos como "cancelamento".

2.1 OSTRACISMO NA GRÉCIA ANTIGA: AS RAÍZES HISTÓRICAS DO CANCELAMENTO.

Na Grécia Antiga, o ostracismo era um sistema de exílio temporário utilizado para remover um cidadão indesejado da pólis. Através de um voto popular anual, os atenienses podiam ostracizar um indivíduo considerado uma ameaça à democracia ou à ordem pública.

A seguir temos exemplos notáveis.

2.1.1 ARISTIDES, O JUSTO (488 a.C.).

Um líder militar ateniense aclamado por sua bravura e justiça, teve um destino peculiar na história da democracia. Apesar de ser um herói de guerra e um exemplo de integridade, ele foi ostracizado de Atenas em 488 a.C.

Figura 5 – Aristides, o justo.

Aristides desempenhou um papel fundamental na vitória grega contra os persas na Batalha de Maratona em 490 a.C. Sua bravura e liderança inspiraram seus soldados e garantiram o triunfo sobre um inimigo muito mais poderoso.

Além de suas proezas militares, Aristides era conhecido por sua honestidade, justiça e imparcialidade. Ele era um líder respeitado e admirado por muitos em Atenas.

Temendo que ele se tornasse um tirano ou que sua popularidade pudesse ser usada para manipular a democracia, seus oponentes o acusaram de ser um perigo para o Estado e o submeteram ao processo de ostracismo.

2.1.2 TEMÍSTOCLES (492 a.C.).

Um estrategista militar de Atenas, foi a mente por trás da vitória grega contra os persas na Batalha de Salamina em 480 a.C.

Figura 6 – Temístocles.

Essa conquista épica o elevou ao status de herói nacional, mas sua personalidade inflexível e ambições políticas o colocaram em rota de colisão com a democracia ateniense.

Sua rigidez e desconfiança geravam ressentimento entre seus concidadãos. Em 492 a.C., apenas dois anos após Salamina, ele foi ostracizado, um processo democrático que o exilaria de Atenas por dez anos.

Enquanto se preparava para o exílio, Temístocles foi alvo de uma grave acusação: traição. Seus inimigos o acusavam de conspirar com os persas, os mesmos que ele havia derrotado. Temístocles sabia que ser julgado em Atenas significaria sua condenação, então, fugiu para o reino persa, seus antigos inimigos.

2.1.3 LIÇÕES APRENDIDAS.

O ostracismo demonstra que a exclusão social e política sempre existiu, mesmo em sociedades consideradas democráticas.

O medo do "outro" e a manipulação da opinião pública podiam ser utilizados para silenciar vozes discordantes.

2.2 O "CANCELAMENTO" DE JESUS CRISTO: UMA ANÁLISE HISTÓRICA E TEOLÓGICA.

Apesar de ser considerado um dos maiores líderes religiosos da história, Jesus também foi alvo de críticas, perseguições e, por fim, crucificação pelas autoridades romanas e líderes religiosos judeus da época.

2.2.1 CAUSAS DO "CANCELAMENTO" DE JESUS:

- Ensinamentos inovadores e subversivos: as pregações de Jesus questionavam as crenças e valores religiosos dominantes da época, desafiando a autoridade do clero e do Império Romano. Ele pregava o amor ao próximo, a compaixão pelos marginalizados e a igualdade entre todos, ideias que ameaçavam a ordem social estabelecida.

- Cura e milagres: os milagres realizados por Jesus, como curas de enfermos e ressurreição de mortos, geravam admiração e fé entre o povo, mas também despertavam inveja e desconfiança por parte das autoridades.

- Popularidade e influência crescente: O número de seguidores de Jesus crescia rapidamente, o que representava uma ameaça ao poder político e religioso da época. As autoridades viam Jesus como um líder potencial de uma rebelião contra o Império Romano.

2.2.2 CONSEQUÊNCIAS DO "CANCELAMENTO" DE JESUS.

- Prisão, julgamento e condenação: jesus foi preso pelas autoridades romanas, acusado de blasfêmia e insurreição contra o Estado. Apesar de não haver provas concretas contra ele, Jesus foi condenado à morte por crucificação, a pena mais cruel e humilhante da época.

- Crucificação e morte: a morte de Jesus foi um evento traumático para seus seguidores, mas também marcou o início da propagação do cristianismo. A mensagem de amor, compaixão e redenção de Jesus continuou a inspirar pessoas em todo o mundo, mesmo após sua morte.

- Ressurreição e ascensão: segundo a fé cristã, Jesus ressuscitou dos mortos três dias após sua crucificação, validando sua mensagem e divindade. Esse evento fortaleceu a fé dos seguidores de Jesus e consolidou o cristianismo como uma das maiores religiões do mundo.

Figura 7 – Jesus Cristo.

2.2.3 ANÁLISE TEOLÓGICA:

- Sacrifício e redenção: na teologia cristã, a morte de Jesus na cruz é vista como um sacrifício expiatório pelos pecados da humanidade. Através de sua morte e ressurreição, Jesus teria aberto o caminho para a salvação e a vida eterna para aqueles que creem nele.

- Amor e perdão: a mensagem central de Jesus é de amor ao próximo, compaixão e perdão. Ele ensinou que todos os seres humanos são iguais aos olhos de Deus e que devemos amar uns aos outros, mesmo nossos inimigos.

- Esperança e transformação: o cristianismo oferece esperança de salvação e transformação da vida humana. Através da fé em Jesus, as pessoas podem encontrar paz interior, propósito na vida e a promessa de uma vida eterna após a morte.

2.2.4 LIÇÕES APRENDIDAS.

Embora Jesus tenha sido "cancelado" por seus contemporâneos, sua mensagem de amor, compaixão e redenção continua a inspirar e transformar vidas até hoje.

O cristianismo se tornou uma das maiores religiões do mundo, com milhões de seguidores em todo o globo.

A história de Jesus nos ensina que, mesmo diante da perseguição e do sofrimento, a verdade e o amor podem prevalecer.

Vale salientar que:

- A análise do "cancelamento" de Jesus Cristo é complexa e multifacetada, envolvendo diferentes perspectivas históricas, teológicas e filosóficas.

- O objetivo deste texto é apresentar uma visão geral do tema, com base em fatos históricos e na teologia cristã.

- É importante que cada indivíduo realize sua própria análise crítica e reflexiva sobre a história e os ensinamentos de Jesus Cristo.

2.3 A INQUISIÇÃO: UM CAPÍTULO SOMBRIO DE PERSEGUIÇÃO E CANCELAMENTO.

Durante a Idade Média e Renascimento, a Igreja Católica Romana utilizou a Inquisição para perseguir e punir aqueles considerados hereges ou bruxos. Através de julgamentos públicos humilhantes e torturas, a Igreja buscava eliminar dissidências religiosas e manter o controle social.

Figura 8 – O tribunal da inquisição.

A seguir temos exemplos notáveis.

2.3.1 GIORDANO BRUNO (1600).

Figura 9 – Giordano Bruno.

Filósofo, astrônomo e escritor italiano, teve um destino trágico e marcante na história da ciência e da liberdade de pensamento. Em 1600, ele foi queimado na fogueira pela Inquisição Romana por suas ideias heliocêntricas e críticas à Igreja Católica.

Em uma época em que a Igreja Católica defendia a teoria geocêntrica (que colocava a Terra no centro do universo), Bruno defendia o heliocentrismo, propondo que o Sol era o centro do sistema solar e os planetas giravam em torno dele. Essa visão inovadora desafiava diretamente a doutrina da Igreja e era considerada heresia.

Bruno também era um crítico ferrenho da Igreja Católica e de seus dogmas. Ele questionava a autoridade do Papa e defendia a liberdade de pensamento e a busca por conhecimento científico sem dogmas religiosos.

Giordano Bruno viajou por diversas cidades da Europa, expondo suas ideias e buscando conhecimento em diferentes áreas, como filosofia, matemática, astronomia e magia. Suas ideias heterodoxas e sua personalidade provocativa geraram conflitos com autoridades religiosas e políticas em diversos lugares.

Em 1592, Bruno foi preso em Veneza e entregue à Inquisição Romana. Após sete anos de prisão, tortura e interrogatórios, ele foi condenado por heresia e queimado na fogueira em Campo de' Fiori, em Roma, no dia 17 de fevereiro de 1600.

2.3.2   GALILEU GALILEI (1633).

Em 1633, o astrônomo italiano **Galileu Galilei** foi forçado a abjurar suas ideias heliocêntricas e colocado em prisão domiciliar pela Inquisição Romana. Esse evento, conhecido como "O Cancelamento de Galileu", representa um dos episódios mais emblemáticos da história da ciência e da luta pela liberdade de pensamento.

2.3.2.1   CAUSAS DO CANCELAMENTO.

As causas do cancelamento de Galileu são complexas e multifacetadas, mas podem ser resumidas em alguns pontos chave:

- Conflito com a doutrina da Igreja Católica: na época, a Igreja Católica defendia o modelo geocêntrico do universo, com a Terra no centro. O heliocentrismo de Galileu, que colocava o Sol no centro, entrava em direta contradição com essa crença, o que gerou grande hostilidade por parte das autoridades religiosas.

- Falta de diplomacia: Galileu era conhecido por sua personalidade forte e por suas críticas contundentes àqueles que discordavam de suas ideias. Essa postura combativa o colocou em rota de colisão com figuras importantes da Igreja e da corte papal.

- Interesses políticos: o conflito entre Galileu e a Igreja também tinha raízes políticas. A Igreja Católica via na ciência uma ameaça à sua autoridade e poder, e buscava controlar o discurso científico para manter sua influência sobre a sociedade.

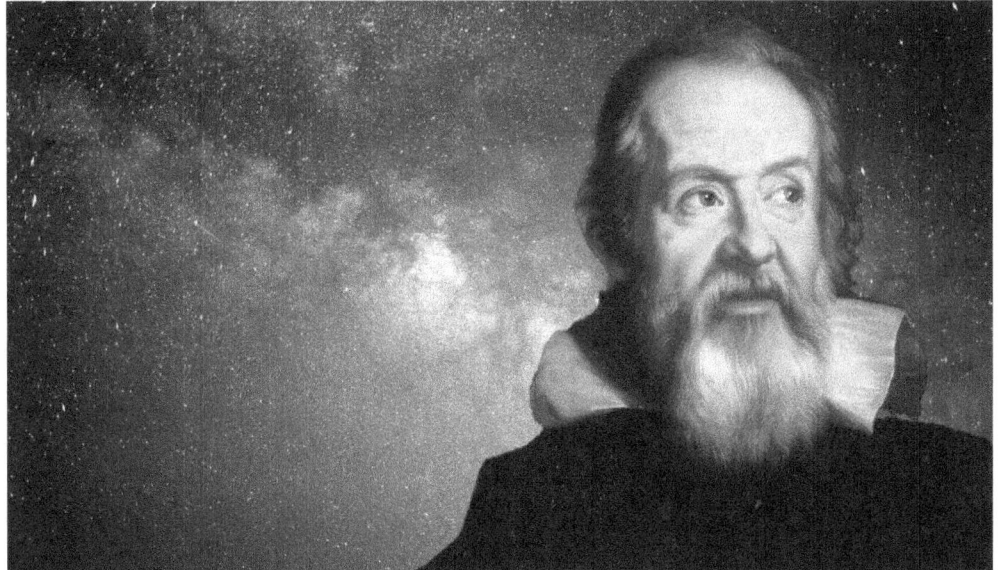

Figura 10 - Galileu Galilei.

2.3.2.2 CONSEQUÊNCIAS DO CANCELAMENTO.

O cancelamento de Galileu teve um impacto profundo na ciência e na sociedade:

- Atraso no desenvolvimento científico: a condenação de Galileu gerou um clima de medo e repressão entre os cientistas, o que levou a um declínio significativo no desenvolvimento da ciência durante o século XVII.

- Fortalecimento da censura: o caso de Galileu serviu como um exemplo claro do poder da Igreja Católica para censurar ideias que considerava perigosas. Essa censura teve um efeito inibidor sobre o livre pensamento e a investigação científica.

- Símbolo da luta pela liberdade de pensamento: apesar das consequências negativas, o cancelamento de Galileu também se tornou um símbolo da luta pela liberdade de pensamento e pela autonomia da ciência. Sua história inspirou gerações de cientistas e pensadores a defenderem o direito de questionar e desafiar as ideias estabelecidas.

2.3.2.3 ANÁLISE CRÍTICA.

Ao analisar o cancelamento de Galileu, é importante considerar os diferentes pontos de vista e evitar simplificações excessivas. É preciso reconhecer que a Igreja Católica tinha suas razões para se opor ao heliocentrismo, baseadas em suas crenças religiosas e na visão de mundo da época. No entanto, também é importante reconhecer que a condenação de Galileu foi um erro grave que teve consequências negativas para o desenvolvimento da ciência.

2.3.3 LIÇÕES APRENDIDAS.

A Inquisição ilustra os perigos da censura e da perseguição ideológica em nome da fé.

A repressão do pensamento crítico e da livre expressão pode ter consequências devastadoras para o progresso científico e social.

2.4 HITLER E O CANCELAMENTO: UMA ANÁLISE HISTÓRICA COMPLEXA.

Embora o termo "cancelamento" tenha se popularizado na era digital, seus conceitos e práticas se manifestam ao longo da história. No caso de Adolf Hitler, a análise de sua trajetória e queda do poder oferece nuances que vão além da simples definição de "celebridade cancelada".

2.4.1 COMPREENDENDO O CONTEXTO HISTÓRICO.

Para compreendermos a história de Hitler, é fundamental contextualizá-la dentro do período entreguerras na Europa. A Alemanha, derrotada na Primeira Guerra Mundial, enfrentava uma grave crise econômica, social e política.

Nesse cenário, o discurso nacionalista, antissemita e expansionista de Hitler ganhou força, explorando os sentimentos de ressentimento, medo e busca por um líder forte na população alemã.

2.4.2 ASCENSÃO AO PODER.

Hitler não foi "cancelado" no sentido literal do termo, pois sua ascensão ao poder se deu através do processo eleitoral, ainda que marcado por fraudes e intimidação.

Figura 11 – Adolf Hitler.

Em 1933, ele se tornou Chanceler da Alemanha e, gradativamente, consolidou um regime totalitário, eliminando opositores políticos, silenciando a imprensa livre e perseguindo minorias étnicas e religiosas.

2.4.3 CRIME CONTRA A HUMANIDADE E DERROTA.

As ações de Hitler e do regime nazista resultaram em um dos maiores crimes da história da humanidade: o Holocausto, o genocídio sistemático de seis milhões de judeus, além de milhões de outras vítimas, como ciganos, homossexuais, deficientes físicos e prisioneiros de guerra.

Com o desenrolar da Segunda Guerra Mundial, a Alemanha nazista foi derrotada pelas forças aliadas. Hitler, acuado e à beira da captura, cometeu suicídio em 1945.

2.4.4 LEGADO E REFLEXÃO.

Após a guerra, a Alemanha passou por um processo de desnazificação e reconstrução, reconhecendo os crimes do regime nazista e buscando evitar que algo semelhante se repetisse. A figura de Hitler é vista como um símbolo do mal absoluto e da barbárie, sendo repudiada e condenada por todo o mundo.

2.4.5 CANCELAMENTO OU REPÚDIO HISTÓRICO?

Na era digital, o termo "cancelamento" se tornou frequente, referindo-se à mobilização online para boicotar ou excluir alguém da vida pública devido a ações ou opiniões consideradas inaceitáveis.

No entanto, é crucial distinguir essa prática do repúdio histórico a figuras como Adolf Hitler, cuja responsabilidade por crimes contra a humanidade é inegável e amplamente documentada.

Figura 12 – Auschwitz.

2.4.5.1 CANCELAMENTO NA ERA DIGITAL.

- Motivações variadas: o "cancelamento" pode ser motivado por diferentes razões, desde ofensas pontuais até comportamentos recorrentes ou visões consideradas problemáticas.

- Processo rápido e viral: a internet facilita a rápida propagação de informações e a mobilização de grupos para pressionar empresas, instituições ou figuras públicas.

- Consequências significativas: o "cancelamento" pode ter um impacto negativo significativo na reputação e carreira da pessoa envolvida, levando a perda de oportunidades e até mesmo danos psicológicos.

2.4.5.2 REPÚDIO HISTÓRICO.

- Baseado em evidências sólidas: o repúdio a figuras históricas como Hitler se baseia em crimes comprovados e documentados, como genocídio, crimes de guerra e crimes contra a humanidade.

- Conhecimento histórico consolidado: a responsabilidade dessas figuras por atrocidades é amplamente reconhecida por historiadores e pela comunidade internacional.

- Justiça e memória: o repúdio histórico busca garantir justiça às vítimas e preservar a memória dos crimes cometidos, evitando a negação ou relativização do passado.

2.4.5.3 DIFERENÇAS ESSENCIAIS.

- Foco: o "cancelamento" se concentra em ações ou opiniões individuais, enquanto o repúdio histórico se concentra em crimes contra a humanidade.

- Natureza da evidência: o "cancelamento" pode se basear em opiniões ou interpretações, enquanto o repúdio histórico se baseia em evidências sólidas e documentadas.

- Impacto: o "cancelamento" pode ter consequências imediatas para a vida da pessoa, enquanto o repúdio histórico busca justiça e memória a longo prazo.

2.4.6 LIÇÕES PARA O PRESENTE.

A história de Hitler e do regime nazista serve como um lembrete constante dos perigos do totalitarismo, da intolerância e do discurso de ódio. É crucial defender a democracia, os direitos humanos e a liberdade de expressão, combatendo qualquer forma de extremismo e violência.

Embora o termo "cancelamento" não se aplique com precisão à trajetória de Hitler, sua história nos convida a refletir sobre os perigos do populismo, da manipulação da opinião pública e da perseguição a minorias.

O repúdio a Hitler e ao regime nazista é fundamental para fortalecermos os valores democráticos e construirmos um futuro mais justo e tolerante.

2.5 MACARTISMO: A CAÇA ÀS BRUXAS NA ERA DA GUERRA FRIA.

Durante a Guerra Fria, nos Estados Unidos, o senador Joseph McCarthy liderou uma campanha anticomunista conhecida como Macartismo.

Através de acusações infundadas e táticas de intimidação, McCarthy e seus seguidores perseguiram artistas, intelectuais e políticos considerados simpatizantes da União Soviética.

Figura 13 – Joseph McCarthy.

A seguir temos exemplos notáveis.

2.5.1 CHARLIE CHAPLIN (1952).

Em 1952, Charlie Chaplin, o icônico ator e cineasta britânico, foi impedido de entrar nos Estados Unidos, país onde viveu e construiu sua carreira por décadas. Essa decisão controversa, tomada durante a era McCarthy, marcou um capítulo triste na história do cinema e da liberdade de expressão.

Figura 14 – Charlie Chaplin.

Chaplin, nascido em Londres em 1889, conquistou o mundo com seus filmes mudos, que combinavam humor, drama e crítica social. Sua figura icônica, Carlitos, o vagabundo eternamente otimista, se tornou um símbolo da era do cinema mudo e da capacidade da arte de transcender fronteiras e idiomas.

Devido a suas visões políticas progressistas e suas críticas à sociedade americana em seus filmes, Chaplin se tornou um alvo do Macartismo. Em 1952, ao retornar aos Estados Unidos após uma viagem à Inglaterra, o ator teve seu visto de reentrada negado e foi impedido de entrar no país.

Chaplin se mudou para a Suíça, onde viveu até sua morte em 1977. Apesar do exílio, sua obra cinematográfica continuou a ser aclamada e reconhecida por sua genialidade e importância cultural. Em 1972, ele finalmente voltou aos Estados Unidos para receber um Oscar honorário pelo conjunto de sua obra.

2.5.2 ARTHUR MILLER (1956).

A década de 1950 nos Estados Unidos foi marcada por um período de intensa repressão política e social conhecido como Macartismo. Senador Joseph McCarthy liderava uma campanha anticomunista que buscava identificar e eliminar supostos simpatizantes do comunismo em diversos setores da sociedade, incluindo Hollywood e o meio artístico.

Figura 15 – Arthur Miller.

Miller era conhecido por suas peças teatrais que exploravam temas sociais e políticos relevantes, como a repressão da individualidade, a busca por justiça e a crítica ao poder. Obras como "As Bruxas de Salém", "Morte de um Vendedor" e "O Cadinho" o consagraram como um dos dramaturgos mais importantes do século XX.

Devido a suas visões políticas progressistas e suas críticas à sociedade americana em suas obras, Miller se tornou um alvo da Comissão HUAC (Comitê de Atividades

Antiamericanas). Em 1956, ele foi convocado a depor perante a comissão e questionado sobre suas supostas ligações com o comunismo.

Miller se recusou a revelar os nomes de outros indivíduos que compareceram perante a HUAC, alegando que isso violaria seus princípios e sua liberdade de consciência. Sua atitude o colocou em rota de colisão com a comissão e com o clima de medo e repressão da época.

Miller foi condenado por desacato ao Congresso. A condenação gerou uma multa, mas ele não chegou a ser encarcerado.

2.5.3 LIÇÕES APRENDIDAS.

O Macartismo demonstra os perigos do fanatismo político e da histeria coletiva em tempos de crise.

A perseguição de minorias e grupos dissidentes pode levar à violação de direitos humanos e à erosão da democracia.

2.6 CANCELAMENTO NA ERA DIGITAL: UMA NOVA FRONTEIRA DE EXCLUSÃO.

Com o advento da Internet e das redes sociais, o cancelamento ganhou uma nova dimensão e alcance. Através de campanhas on-line e boicotes virtuais, indivíduos e grupos podem rapidamente mobilizar-se para condenar e excluir aqueles que cometeram erros ou expressaram opiniões impopulares.

A seguir temos exemplos notáveis.

2.6.1 J.K. ROWLING (2020).

Em 2020, a escritora J.K. Rowling, autora da aclamada saga Harry Potter, se viu no centro de uma controvérsia acalorada por comentários considerados transfóbicos em suas redes sociais.

Tudo começou com uma série de tweets e posts em que Rowling expressava suas crenças sobre a identidade de gênero e os direitos das pessoas trans. Seus comentários, vistos por muitos como insensíveis e discriminatórios, foram interpretados como ataques à comunidade trans e à sua luta por reconhecimento e respeito.

As declarações de Rowling geraram uma onda de críticas por parte de fãs, ativistas e figuras públicas, incluindo muitos dos atores que protagonizaram os filmes de Harry Potter. Diversos boicotes à compra de seus livros e à franquia cinematográfica também foram organizados.

Figura 16 – J. K. Rowling.

Rowling se defendeu das críticas, afirmando que suas opiniões se baseavam em suas crenças pessoais e em sua preocupação com os direitos das mulheres. No entanto, suas tentativas de justificar seus comentários não acalmaram a comunidade trans e apenas aprofundaram a controvérsia.

A polêmica colocou em xeque o legado de Rowling como autora e criadora de um universo que encantou milhões de pessoas ao redor do mundo. Para muitos, seus comentários transfóbicos representam uma traição aos valores de inclusão e aceitação que seus livros aparentemente defendiam.

2.6.2   GINA CARANO (2021).

Em 2021, a atriz, conhecida por seu papel na série "The Mandalorian" da Disney+, foi demitida da produção após compartilhar publicações nas redes sociais consideradas antivacina e conspiratórias.

As postagens de Carano, que incluíam comparações entre o uso de máscaras e a Alemanha nazista e a promoção de teorias infundadas sobre a fraude eleitoral nos Estados Unidos, geraram grande repercussão e críticas intensas.

Figura 17 – Gina Carano.

Carano já havia se envolvido em outras polêmicas anteriormente por suas publicações nas redes sociais, que frequentemente promoviam desinformação e teorias conspiratórias. Em 2020, ela foi acusada de antissemitismo por comparar a política americana à Alemanha nazista.

As últimas publicações de Carano, que associavam o uso de máscaras à opressão nazista e questionavam a legitimidade das eleições americanas, foram consideradas inaceitáveis pela Disney. A empresa, que se compromete com a diversidade e a inclusão, tomou a decisão de demitir a atriz da série "The Mandalorian".

O episódio teve um impacto significativo na carreira de Carano. Além de perder o papel na série de sucesso da Disney+, ela também enfrentou dificuldades para conseguir novos trabalhos na indústria cinematográfica.

2.6.3 LIÇÕES APRENDIDAS.

O cancelamento digital pode ter consequências graves para a reputação e carreira de indivíduos, mesmo por erros pontuais ou opiniões divergentes.

O ambiente online possibilita a formação de "tribunal virtual" onde o julgamento pode ser rápido e implacável, sem o devido processo legal.

2.7 O FUTURO DO CANCELAMENTO: EM BUSCA DE UM EQUILÍBRIO.

À medida que a Internet se integra cada vez mais em nossas vidas, o fenômeno do cancelamento continuará a moldar o debate público. É fundamental buscar um equilíbrio entre a liberdade de expressão e a responsabilização por nossas ações online.

É importante:

- Promover o diálogo e a escuta ativa, em vez da polarização e do julgamento online.

- Combater o anonimato nas redes sociais para promover a responsabilização pelos discursos disseminados.

- Fortalecer o jornalismo independente e a checagem de fatos para combater a disseminação de informações falsas.

O cancelamento não é um fenômeno novo, mas a internet lhe deu um alcance e velocidade inéditos. Ao compreendermos sua história e complexidades, podemos aprender a utilizá-lo como uma ferramenta para um debate público mais justo e produtivo, equilibrando a liberdade de expressão com a responsabilização por nossas ações online.

> *"A vergonha e a humilhação pública são ferramentas de controle. Elas não nos tornam melhores pessoas. Elas nos tornam menores."*
>
> *Brené Brown[2]*

---

[2] Pesquisadora que trata, em especial, sobre vergonha, vulnerabilidade e empatia. Seu trabalho oferece insights importantes sobre como a cultura do cancelamento pode exacerbar sentimentos de vergonha e humilhação, levando a consequências negativas para a saúde mental.

3 CASOS DE CANCELAMENTO QUE EXEMPLIFICAM O QUE NÃO FAZER.

O cancelamento de celebridades se tornou um fenômeno cada vez mais frequente na era digital, onde a internet amplifica vozes e conecta pessoas instantaneamente. Através de campanhas on-line, boicotes e ataques nas redes sociais, indivíduos e grupos expressam sua reprovação a comportamentos ou declarações consideradas inaceitáveis por parte de figuras públicas.

Para entendermos melhor essa complexa dinâmica, vamos analisar em detalhes dois casos emblemáticos de cancelamento de celebridades:

3.1 KÉFERA BUCHMANN: UMA QUEDA METEÓRICA.

Kéfera Buchmann, youtuber brasileira que conquistou milhões de seguidores com seu humor ácido e autêntico, viu sua carreira desmoronar em 2017 após uma série de polêmicas. Em um episódio de seu canal, ela fez piadas consideradas racistas e gordofóbicas, gerando uma onda de críticas e pedidos de boicote.

Figura 18 - Kéfera Buchmann.

3.1.1 CAUSAS DO CANCELAMENTO.

- Comportamento ofensivo: as piadas de Kéfera foram consideradas insensíveis e ofensivas, principalmente por grupos minoritários como negros e pessoas gordas.

- Falta de empatia: a youtuber não demonstrou arrependimento inicial, o que intensificou a revolta do público.

- Contexto social: a crescente conscientização sobre questões sociais como racismo e gordofobia contribuiu para a repercussão negativa das piadas.

3.1.2 CONSEQUÊNCIAS DO CANCELAMENTO.

- Perda de seguidores: Kéfera perdeu milhões de seguidores em suas redes sociais e plataformas de vídeo.

- Danos à reputação: sua imagem pública foi severamente prejudicada, dificultando o retorno à carreira.

- Impacto Emocional: a youtuber sofreu ataques pessoais e críticas on-line, o que afetou sua saúde mental.

3.2 NEGO DO BOREL: ENTRE A FAMA E A CONTROVÉRSIA.

Nego do Borel, cantor e funkeiro brasileiro que alcançou grande sucesso nos anos 2010, se envolveu em diversas polêmicas ao longo de sua carreira, culminando com seu cancelamento em 2021 após acusações de estupro e violência doméstica por parte de sua ex-namorada, Duda Reis.

3.2.1 CAUSAS DO CANCELAMENTO.

- Acusações graves: as denúncias de Duda Reis, com detalhes e provas, geraram grande comoção social e revolta contra Nego do Borel.

- Histórico de comportamentos inapropriados: o cantor já havia se envolvido em outras polêmicas relacionadas a machismo, assédio e violência contra mulheres.

- Falta de apoio público: diferentemente de outros casos, Nego do Borel não teve apoio de grande parte da indústria musical e do público em geral.

3.2.2 CONSEQUÊNCIAS DO CACELAMENTO.

- Fim da carreira musical: Nego do Borel teve sua carreira musical praticamente cancelada, com perda de contratos, shows e parcerias.

- Prejuízos financeiros: o cantor sofreu perdas financeiras significativas, além de danos à sua imagem e reputação.

- Impacto na vida pessoal: o caso também afetou a vida pessoal de Nego do Borel, com o fim de relacionamentos e o afastamento de familiares e amigos.

Figura 19 - Nego do Borel e Duda Reis.

3.2.3 REFLEXÕES E APRENDIZADOS.

Os casos de Kéfera Buchmann e Nego do Borel demonstram como o cancelamento pode ter consequências devastadoras para a vida e carreira de celebridades. É importante destacar que o cancelamento não deve ser banalizado, pois pode ser usado como ferramenta de silenciamento e perseguição on-line.

Ao mesmo tempo, é fundamental que figuras públicas sejam responsabilizadas por seus atos e que a sociedade se mobilize contra comportamentos inaceitáveis.

O debate sobre o cancelamento deve ser pautado pelo respeito, pela busca por justiça e pela construção de uma sociedade mais justa e inclusiva.

Entretanto, o cancelamento não é a única forma de responsabilizar celebridades por seus atos. O diálogo construtivo, a busca por soluções pacíficas e a promoção de uma cultura de empatia e respeito são ferramentas mais eficazes para construir um ambiente on-line mais saudável e positivo.

O cancelamento de celebridades se tornou um fenômeno cada vez mais frequente na era digital, com consequências que podem ser devastadoras para a vida e carreira dos envolvidos. Para entendermos melhor essa complexa dinâmica, vamos analisar em detalhes mais três casos emblemáticos:

3.2.4 LUIZA POSSI: UMA BRINCADEIRA INFELIZ COM REPERCUSSÕES SÉRIAS.

Em 2016, a cantora Luiza Possi gerou polêmica ao fazer uma piada sobre a morte de Cristiano Araújo em um show. A brincadeira foi considerada de mau gosto e insensível por fãs do cantor e pelo público em geral, levando ao cancelamento de Luiza nas redes sociais.

Figura 20 - Luiza Possi.

3.2.5 CAUSAS DO CANCELAMENTO.

- Falta de sensibilidade: a piada de Luiza foi considerada inapropriada e desrespeitosa com a memória de Cristiano Araújo e com seus fãs.

- Momento infeliz: a piada foi feita logo após a morte de Cristiano Araújo, quando a dor e a comoção ainda eram recentes.

- Reação dos fãs: fãs de Cristiano Araújo se revoltaram com a piada de Luiza e iniciaram uma campanha de boicote à cantora nas redes sociais.

3.2.6 CONSEQUÊNCIAS DO CANCELAMENTO.

- Perda de seguidores: Luiza Possi perdeu milhares de seguidores nas redes sociais após a polêmica.

- Danos à reputação: a imagem pública da cantora foi prejudicada, com muitos a criticando por sua falta de sensibilidade.

- Pedido de desculpas: Luiza Possi se desculpou publicamente pela piada, mas o estrago já estava feito.

3.3 BRUNA MARQUEZINE: UMA OPINIÃO POLÊMICA E UM IMPACTO INESPERADO.

Em 2018, a atriz Bruna Marquezine se manifestou publicamente contra o governo Bolsonaro, gerando grande repercussão nas redes sociais. Apesar de ter apoio de alguns seguidores, Bruna também recebeu críticas e ataques de apoiadores do presidente.

3.3.1 CAUSAS DO CANCELAMENTO.

- Opinião política: a manifestação de Bruna Marquezine contra o governo Bolsonaro dividiu opiniões e gerou ataques de seus opositores.

- Polarização política: o clima político acalorado no Brasil contribuiu para a intensificação das críticas contra a atriz.

- Falta de diálogo: em vez de um debate construtivo, a situação se tornou um ataque pessoal contra Bruna Marquezine.

3.3.2 CONSEQUÊNCIAS DO CANCELAMENTO.

- Ataques nas redes sociais: Bruna Marquezine foi alvo de ataques e ofensas nas redes sociais por parte de seus detratores.

- Divisão entre fãs: a manifestação política da atriz dividiu seus fãs, gerando perda de seguidores e admiração.

- Reflexão sobre o papel das celebridades: o caso de Bruna Marquezine levantou questionamentos sobre o papel das celebridades na esfera pública e a liberdade de expressão.

3.4   5. DANILO GENTILI: PIADAS OFENSIVAS E UMA REAÇÃO INEVITÁVEL.

O humorista Danilo Gentili se envolveu em diversas polêmicas ao longo de sua carreira, principalmente por piadas consideradas ofensivas a grupos minoritários como negros, LGBTQIA+ e pessoas com deficiência.

Figura 21 - Danilo Gentili.

As críticas se intensificaram em 2020, culminando com o cancelamento de seu programa no SBT.

3.4.1 CAUSAS DO CANCELAMENTO.

- Histórico de piadas ofensivas: Danilo Gentili já havia se envolvido em outras polêmicas por piadas consideradas ofensivas, o que gerou um acúmulo de ressentimento contra o humorista.

- Falta de empatia: as piadas de Gentili eram frequentemente consideradas insensíveis e desrespeitosas com os grupos minoritários que ele atacava.

- Momento de conscientização social: o crescente movimento por justiça social e o combate à discriminação contribuíram para a repercussão negativa das piadas de Gentili.

3.4.2 CONSEQUÊNCIAS DO CANCELAMENTO.

- Fim do programa no sbt: O programa de Danilo Gentili no SBT foi cancelado após a intensificação das críticas e a perda de patrocinadores.

- Danos à reputação: A imagem pública do humorista foi severamente prejudicada, dificultando seu retorno à televisão.

- Reflexão sobre o humor: O caso de Danilo Gentili gerou um debate sobre os limites do humor e a responsabilidade dos comediantes com suas piadas.

"A cultura do cancelamento é uma forma de censura movida pela multidão que visa silenciar vozes dissidentes e impor uma ortodoxia de pensamento. Ela é perigosa porque mina os princípios básicos da liberdade de expressão e do debate aberto."

Glenn Greenwald[3]

---

[3] Greenwald é um jornalista premiado com um histórico de defesa da liberdade de expressão e da privacidade. Sua experiência como crítico ferrenho do poder governamental e corporativo o torna uma voz importante na luta contra a cultura do cancelamento.
O trabalho de Greenwald sobre os perigos da censura e da vigilância o torna perspicaz para comentar sobre o impacto da cultura do cancelamento na liberdade de expressão e no discurso online.

4 CANCELAMENTO NA POLÍTICA: EXEMPLOS BRASILEIROS E REFLEXÕES APROFUNDADAS.

O cancelamento se tornou um fenômeno cada vez mais presente na política brasileira, impactando a carreira e a reputação de figuras públicas.

Mais do que simples boicotes, o cancelamento político pode ter consequências sérias para o processo democrático e a liberdade de expressão. Para entendermos melhor essa dinâmica complexa, vamos analisar em detalhes três casos emblemáticos:

4.1 EDUARDO LEITE (PSDB): UM TWEET INFELIZ E UMA CANDIDATURA COMPROMETIDA.

Em 2022, durante a campanha eleitoral para o governo do Rio Grande do Sul, o candidato Eduardo Leite (PSDB) publicou um tweet com uma foto sua abraçado ao ex-presidente Michel Temer, figura impopular entre grande parte do eleitorado gaúcho.

Figura 22 – Eduardo Leite.

A repercussão foi negativa, com críticas e acusações de oportunismo político.

4.1.1 CAUSAS DO CANCELAMENTO:

- Associação com figura impopular: a ligação de Leite com Temer, visto como símbolo de retrocessos sociais e políticos, gerou desconfiança e reprovação entre os eleitores.

- Falta de sensibilidade política: o tweet foi publicado em um momento delicado da campanha, demonstrando falta de tato político por parte de Leite.

- Amplificação nas redes sociais: a rápida disseminação do tweet nas redes sociais intensificou a repercussão negativa e o sentimento de reprovação contra o candidato.

4.1.2 CONSEQUÊNCIAS DO CANCELAMENTO:

- Perda de apoio popular: O tweet contribuiu para a perda de apoio popular e votos para Leite, prejudicando suas chances de vitória na eleição.

- Danos à imagem pública: a imagem de Leite foi associada à falta de sensibilidade e oportunismo político, manchando sua reputação.

- Reflexão sobre comunicação política: o caso evidenciou a importância da comunicação política estratégica e sensível nas redes sociais durante as campanhas eleitorais.

4.2 JOICE HASSELMANN (BOLSONARO-RJ): DESINFORMAÇÃO E ATAQUES À DEMOCRACIA,

A deputada federal Joice Hasselmann (Bolsonaro-RJ) se envolveu em diversas polêmicas ao longo de seu mandato, principalmente por propagar desinformação, atacar instituições democráticas e defender teorias conspiratórias. Seu comportamento levou a pedidos de cassação de mandato e à perda de apoio de parte da base bolsonarista.

4.2.1 CAUSAS DO CANCELAMENTO.

- Desinformação e fake news: Hasselmann se tornou conhecida por propagar informações falsas e distorcidas, minando a confiança nas instituições e na democracia.

- Ataques à democracia: a deputada criticou e questionou o processo eleitoral e o sistema democrático brasileiro, gerando preocupação e reprovação.

- Comportamento incoerente: Hasselmann se distanciou dos princípios que defendia quando se filiou ao bolsonarismo, o que gerou desconfiança e perda de apoio.

Figura 23 - Joice Hasselman.

4.2.2 CONSEQUÊNCIAS DO CANCELAMENTO.

- Perda de apoio político: Hasselmann perdeu o apoio de parte da base bolsonarista, que a considerava incoerente e prejudicial ao movimento.

- Risco de cassação: a deputada enfrenta pedidos de cassação de mandato por seus ataques à democracia e propagação de desinformação.

- Erosão da confiança nas instituições: o comportamento de Hasselmann contribuiu para a erosão da confiança nas instituições democráticas e na credibilidade do processo eleitoral.

4.3 WILSON WITZEL (PSC): UM GOVERNO CONTURBADO E O FIM PREMATURO DE UM MANDATO

O ex-governador do Rio de Janeiro, Wilson Witzel (PSC), foi alvo de um processo de impeachment e afastado do cargo em 2020 por diversos crimes, incluindo corrupção, organização criminosa e lavagem de dinheiro.

Figura 24 - Wilson Witzel.

O caso Witzel é um exemplo emblemático de como o cancelamento pode ser utilizado como ferramenta de responsabilização política.

4.3.1 CAUSAS DO CANCELAMENTO.

- Acusações graves: as denúncias contra Witzel por crimes graves geraram grande comoção social e revolta na população fluminense.

- Provas contundentes: as investigações apontaram provas contundentes contra Witzel, tornando sua permanência no cargo insustentável.

- Mobilização social: a sociedade civil se mobilizou em favor do impeachment de Witzel, pressionando o parlamento a tomar as medidas cabíveis.

4.3.2 CONSEQUÊNCIAS DO CANCELAMENTO.

- Afastamento do cargo: Witzel foi afastado do cargo de governador por meio de um processo de impeachment, perdendo o mandato e seus direitos políticos.

- Danos à reputação: a imagem pública de Witzel foi severamente prejudicada.

- Cancelamento no mundo empresarial.

O cancelamento se tornou um fenômeno cada vez mais presente no mundo empresarial, impactando a reputação e as operações de empresas de diversos portes e setores.

Mais do que simples boicotes, o cancelamento empresarial pode gerar graves consequências financeiras e abalar a confiança dos consumidores.

Livro 4 – Cultura do Cancelamento.

> *"A cultura do cancelamento corre o risco de se tornar uma forma de justiça vigilante que ignora a complexidade das ações humanas e as possibilidades de redenção. Ela pode levar à punição desproporcional e ao aprisionamento social."*
>
> *Judith Butler*[4]

---

[4] Filósofa influente conhecida por seu trabalho sobre ética, identidade e poder. Sua análise da cultura do cancelamento oferece uma crítica filosófica profunda de suas tendências punitivas e excludentes. A pesquisa de Butler sobre as interseções de poder e identidade a torna qualificada para comentar sobre como a cultura do cancelamento pode exacerbar as desigualdades sociais e marginalizar grupos minoritários.

5 CANCELAMENTO NO MUNDO EMPRESARIAL: EXEMPLOS BRASILEIROS E REFLEXÕES APROFUNDADAS.

Para ser possível entendermos melhor essa dinâmica complexa, vamos analisar em detalhes três casos emblemáticos.

5.1 O IMPÉRIO DESMORONADO: A ASCENSÃO E QUEDA ESTRONDOSA DE EIKE BATISTA.

Eike Batista, outrora aclamado como o homem mais rico do Brasil e ícone do empreendedorismo nacional, viu seu império desmoronar em um turbilhão de promessas não cumpridas, escândalos financeiros e acusações de crimes.

Sua história, marcada por uma ascensão meteórica e uma queda estrondosa, serve como um estudo de caso emblemático do "cancelamento" em sua forma mais extrema.

5.1.1 ASCENSÃO METEÓRICA: UM SONHO BRASILEIRO EM CONSTRUÇÃO.

Nascido em 1956, Eike Batista graduou-se em engenharia metalúrgica pela Universidade Federal do Rio de Janeiro e iniciou sua carreira no mercado financeiro, onde rapidamente se destacou por sua perspicácia e ousadia.

Em 1982, fundou a EBX, empresa que se tornaria um conglomerado multinacional com investimentos em diversos setores, como mineração, petróleo, energia e construção civil.

Batista conquistou a admiração do público brasileiro com sua visão arrojada e promessas de transformar o país em uma potência econômica global. Seus projetos ambiciosos, como a criação da "Cidade do Sol", um megaprojeto imobiliário no Rio de Janeiro, e a descoberta de um enorme campo de petróleo em pré-sal, despertaram a esperança de um futuro próspero para a nação.

5.1.2 A QUEDA LIVRE: ESCÂNDALOS, ACUSAÇÕES E O FIM DE UM SONHO.

No entanto, a ascensão meteórica de Eike Batista mascarava uma realidade bem diferente. Em 2013, as ações das empresas do grupo EBX despencaram drasticamente após a revelação de que as estimativas de produção de petróleo e gás natural haviam sido superestimadas em bilhões de dólares.

Figura 25 - Eike Batista .

A notícia abalou a confiança dos investidores e desencadeou uma série de investigações e processos judiciais.

Batista foi acusado de crimes como insider trading[5], manipulação de mercado e falsidade ideológica. Seus bens foram bloqueados pela Justiça e ele se viu forçado a renunciar aos cargos de comando em suas empresas. O que antes era um símbolo de sucesso e ousadia empresarial se tornou sinônimo de fraude e ganância desmedida.

---

[5] Insider trading, também conhecido como negociação com informação privilegiada, é a prática de usar informações confidenciais e ainda não divulgadas ao público para comprar ou vender ações, opções ou outros valores mobiliários em busca de lucro ou vantagem financeira.

5.1.3 CONSEQUÊNCIAS DEVASTADORAS: O IMPÉRIO EM RUÍNAS.

O "cancelamento" de Eike Batista teve consequências devastadoras para sua vida pessoal e profissional. Sua imagem pública foi irremediavelmente manchada, e ele se tornou alvo de críticas e deboche na mídia e nas redes sociais.

Sua fortuna bilionária evaporou-se, e ele enfrenta a possibilidade de passar o resto de sua vida na prisão.

As empresas do grupo EBX entraram em colapso, deixando milhares de pessoas sem emprego e gerando prejuízos bilionários para os investidores. O sonho de um Brasil pujante e próspero, impulsionado pelos projetos visionários de Eike Batista, se transformou em um pesadelo de proporções épicas.

5.1.4 LIÇÕES AMARGAS: UMA REFLEXÃO SOBRE O "CANCELAMENTO".

O caso de Eike Batista serve como um lembrete cruel dos perigos da ambição desmedida e da falta de ética nos negócios. Sua história demonstra como promessas vazias, manipulação e ganância podem levar à ruína, tanto pessoal quanto profissional.

É importante ressaltar que o "cancelamento" não deve ser utilizado como ferramenta de linchamento virtual ou perseguição implacável. As críticas a Eike Batista, assim como a qualquer outra pessoa, devem ser baseadas em fatos concretos e argumentos sólidos, buscando promover o debate construtivo e a defesa da justiça.

A história de Eike Batista também nos convida a refletir sobre o papel da mídia e das redes sociais na construção e destruição de reputações. É fundamental que o consumo de informação seja feito de forma crítica e responsável, evitando a propagação de informações falsas e a disseminação de ódio e rancor.

Em suma, o "cancelamento" de Eike Batista representa um capítulo triste na história recente do Brasil. Sua ascensão e queda fulminante servem como um alerta para os perigos da ambição desmedida, da falta de ética e da fragilidade da fama. É um lembrete de que o sucesso verdadeiro se baseia em valores como honestidade, transparência e responsabilidade social.

5.2 AMERICANAS: UM ESQUEMA DE FRAUDE E A DESCONFIANÇA DOS INVESTIDORES.

Em 2022, a empresa Americanas, um dos maiores grupos varejistas do Brasil, revelou um esquema de fraude contábil bilionário. A revelação gerou um terremoto no mercado financeiro, com queda brusca das ações da empresa e perda de confiança dos investidores.

5.2.1 CAUSAS DO CANCELAMENTO.

- Fraude bilionária: a fraude contábil da Americanas foi uma das maiores da história do Brasil, gerando grande decepção e indignação entre os investidores e o público em geral.

- Falta de transparência: a empresa demorou a revelar a fraude e não foi transparente com os investidores, o que agravou a crise.

- Danos à imagem do mercado: o caso Americanas abalou a confiança no mercado financeiro brasileiro, gerando instabilidade e insegurança entre os investidores.

5.2.2 CONSEQUÊNCIAS DO CANCELAMENTO.

- Queda das ações: as ações da Americanas despencaram na bolsa de valores, levando à perda de bilhões de reais em valor de mercado.

- Perda de investidores: a empresa perdeu a confiança de muitos investidores, que venderam suas ações e se afastaram da Americanas.

- Investigações e processos: a Americanas está sendo investigada por órgãos reguladores e enfrenta diversos processos judiciais em decorrência da fraude.

5.3 NATURA: UM COMERCIAL POLÊMICO E A REVOLTA DOS CONSUMIDORES

Em 2019, a empresa Natura lançou um comercial que gerou grande polêmica nas redes sociais. O comercial, que abordava o tema da diversidade, foi criticado por ser considerado racista e excludente.

Figura 26 – Tammy Miranda na campanha do Dia dos Pais. Uma trans representando a paternidade.

5.3.1   CAUSAS DO CANCELAMENTO.

- Falta de sensibilidade: o comercial foi considerado insensível e ofensivo por diversos grupos, principalmente pela forma como abordava a questão racial.

- Falta de diversidade na equipe: a equipe responsável pelo comercial não era diversa o suficiente para compreender as nuances do tema e as possíveis ofensas que o comercial poderia gerar.

- Momento de conscientização social: o comercial foi lançado em um momento de crescente conscientização social sobre temas como racismo e representatividade, o que intensificou a repercussão negativa.

5.3.2   CONSEQUÊNCIAS DO CANCELAMENTO.

- Boicote dos consumidores: a Natura foi alvo de um boicote por parte dos consumidores, que se recusaram a comprar seus produtos.

- Danos à reputação: a imagem pública da marca foi severamente prejudicada, com muitos consumidores associando a Natura à falta de sensibilidade e preconceito.

- Perdas financeiras: a Natura teve perdas financeiras significativas devido ao boicote e à queda nas vendas.

- Mudanças estratégicas: a empresa precisou realizar mudanças estratégicas em seu marketing e comunicação para reconquistar a confiança dos consumidores.

- Aumento da diversidade: a Natura tomou medidas para aumentar a diversidade em sua equipe a fim de evitar que erros semelhantes voltassem a acontecer.

5.3.3 LIÇÕES APRENDIDAS.

Esses exemplos demonstram que o cancelamento no mundo empresarial pode ter consequências devastadoras para a reputação e o faturamento das empresas.

No entanto, o cancelamento também pode ser uma ferramenta para promover a responsabilidade social corporativa e incentivar empresas a adotarem práticas mais justas e inclusivas.

Aqui estão algumas lições que as empresas podem aprender com o cancelamento:

- Sensibilidade social: é fundamental que as empresas sejam sensíveis às questões sociais e culturais para evitar campanhas publicitárias ou práticas corporativas que possam ser consideradas ofensivas.

- Diversidade e inclusão: a diversidade na equipe é essencial para ter diferentes perspectivas e evitar erros de comunicação ou marketing que possam gerar cancelamento.

- Transparência e ética: as empresas devem ser transparentes em suas práticas e adotar condutas éticas para manter a confiança dos consumidores e investidores.

- Escuta ativa: é importante que as empresas escutem ativamente o que os consumidores estão dizendo nas redes sociais e nos canais de atendimento para se adequar às expectativas do público.

- Respostas rápidas e eficazes: em caso de crises de cancelamento, as empresas devem responder de forma rápida e eficaz, reconhecendo erros, pedindo desculpas e tomando medidas corretivas concretas.

Ao adotando essas práticas, as empresas podem se proteger do cancelamento e construir relações sólidas e duradouras com os consumidores.

"A cultura do cancelamento é uma ameaça à liberdade de pensamento e ao debate aberto. Ela cria um clima de medo e autocensura, onde as pessoas têm medo de expressar suas opiniões verdadeiras por medo de serem condenadas e ostracizadas."

Noam Chomsky[6]

---

[6] Defensor ferrenho da liberdade de expressão. Sua crítica à cultura do cancelamento baseia-se em sua longa experiência defendendo os direitos humanos e a justiça social.
As análises de Chomsky sobre o poder e a propaganda oferecem uma perspectiva valiosa sobre como a cultura do cancelamento pode ser usada para silenciar dissidentes e manter o status quo.

6 CANCELAMENTO NO ESPORTE PROFISSIONAL.

O cancelamento se tornou um fenômeno cada vez mais presente no mundo do esporte profissional, impactando a carreira e a reputação de atletas, treinadores, times e até mesmo federações. Mais do que simples críticas ou boicotes, o cancelamento no esporte pode ter consequências sérias para a imagem pública e o futuro profissional dos envolvidos.

Para entendermos melhor essa dinâmica complexa, vamos analisar em detalhes três casos emblemáticos.

6.1 NEYMAR JR. (PSG): ACUSAÇÕES GRAVES E O FIM DE UM SONHO.

O jogador de futebol Neymar Jr., ídolo do futebol brasileiro e mundial, se envolveu em diversas polêmicas ao longo de sua carreira, incluindo acusações de estupro, agressão e sonegação fiscal.

Figura 27 - Neymar Jr.

As graves acusações, somadas ao comportamento controverso do jogador nas redes sociais, levaram a um processo de cancelamento que culminou com o fim de seu sonho de conquistar a Copa do Mundo pela Seleção Brasileira em 2022.

6.1.1 CAUSAS DO CANCELAMENTO.

- Acusações graves: as acusações de estupro e agressão contra Neymar Jr. geraram grande comoção social e revolta, principalmente entre mulheres e grupos feministas.

- Falta de empatia: o jogador não demonstrou arrependimento ou empatia pelas vítimas, o que intensificou a repercussão negativa das acusações.

- Comportamento controverso: o comportamento controverso de Neymar Jr. nas redes sociais, com diversas polêmicas e ostentação de riqueza, também contribuiu para o processo de cancelamento.

6.1.2 CONSEQUÊNCIAS DO CANCELAMENTO.

- Perda de patrocínios: Neymar Jr. perdeu diversos patrocínios milionários após as acusações e o processo de cancelamento.

- Danos à reputação: a imagem pública do jogador foi severamente prejudicada, com muitos o considerando um jogador arrogante, irresponsável e desrespeitoso.

- Queda de rendimento: o jogador teve uma queda de rendimento em campo, possivelmente devido à pressão psicológica do cancelamento e das acusações.

6.2 LANCE ARMSTRONG (CICLISMO): UMA TRAPAÇA HISTÓRICA E A QUEDA DE UM HERÓI

O ciclista Lance Armstrong, considerado um dos maiores atletas da história do ciclismo, foi flagrado dopando-se em diversas ocasiões, o que levou à anulação de seus sete títulos da Volta da França e ao fim de sua carreira profissional.

O caso Armstrong é um exemplo emblemático de como o cancelamento pode ser utilizado para punir trapaças e defender a ética no esporte.

6.2.1 CAUSAS DO CANCELAMENTO.

- Trapaça e doping: as provas de que Armstrong se dopou durante toda a sua carreira geraram grande decepção e revolta entre os fãs do ciclismo e do esporte em geral.

- Mentiras e engano: Armstrong mentiu e enganou o público por anos, fingindo ser um atleta limpo e exemplar.

- Danos ao esporte: a trapaça de Armstrong manchou a imagem do ciclismo e do esporte profissional, gerando questionamentos sobre a ética e a fair play[7].

Figura 28 - Lance Armstrong.

---

[7] Fair play, traduzido do inglês para o português como jogo limpo, é um conceito fundamental no esporte e na vida em geral, que representa um conjunto de valores e princípios que visam a conduta ética e justa em qualquer situação.

6.2.2 CONSEQUÊNCIAS DO CANCELAMENTO.

- Perda de títulos: Armstrong teve seus sete títulos da Volta da França anulados e foi banido do ciclismo profissional para sempre.

- Danos à reputação: a imagem pública do ciclista foi completamente destruída, sendo considerado um trapaceiro e mentiroso.

- Queda de patrocínios: Armstrong perdeu todos os seus patrocínios e contratos após a revelação da fraude.

6.3 MARIA SHARAPOVA (TÊNIS). UMA SUSPENSÃO POR DOPING E O RETORNO INCERTO

A tenista russa Maria Sharapova testou positivo para o uso de meldonium, uma substância proibida pela WADA (Agência Mundial Antidoping), em 2016. A tenista foi suspensa por 15 meses e perdeu a oportunidade de disputar os Jogos Olímpicos do Rio de Janeiro.

Figura 29 - Maria Sharapova.

O caso Sharapova serve como um lembrete de que o doping é uma infração grave que pode ter consequências sérias para a carreira de um atleta.

6.3.1 CAUSAS DO CANCELAMENTO.

Doping e uso de substância proibida: o teste positivo de Sharapova para o meldonium gerou grande decepção entre os fãs do tênis e do esporte em geral.

Falta de atenção: a tenista assumiu a responsabilidade pelo erro, mas alegou que não sabia que o meldonium havia sido banido.

Danos ao esporte: o caso Sharapova levantou questionamentos sobre a eficácia dos controles

6.3.2 CONSEQUÊNCIAS DO CANCELAMENTO.

- Danos ao esporte: o caso Sharapova levantou questionamentos sobre a eficácia dos controles antidoping e a responsabilidade dos atletas em se manterem informados sobre as substâncias proibidas.

- Perda de ranking e oportunidades: Sharapova perdeu posições no ranking da WTA e ficou de fora de importantes torneios durante sua suspensão.

- Danos à reputação: a imagem pública da tenista foi prejudicada, com muitos fãs a considerando irresponsável e desrespeitosa às regras do esporte.

- Dificuldade no retorno: Sharapova enfrentou dificuldades para retornar ao topo do tênis após a suspensão, apesar de ter voltado a competir.

Esses exemplos demonstram que o cancelamento no esporte profissional pode ter consequências devastadoras para a carreira e a reputação de atletas e demais envolvidos. No entanto, o cancelamento também pode ser uma ferramenta para promover a ética no esporte, punir trapaças e defender a integridade das competições.

6.3.3 LIÇÕES APRENDIDAS.

- Ética e fair play: a ética e o fair play devem ser valores fundamentais no esporte profissional. Atletas, times e dirigentes devem respeitar as regras e competir de forma limpa.

- Transparência e responsabilidade: transparência e responsabilidade são essenciais para manter a confiança do público no esporte. Atletas e times devem se responsabilizar por seus atos e serem transparentes em suas práticas.

- Conscientização sobre doping: atletas e equipes devem se manter informados sobre as substâncias proibidas pela WADA e demais órgãos reguladores para evitar casos de doping acidental.

- Mídias sociais: atletas e times devem ter cuidado com o que publicam nas redes sociais, evitando comportamentos polêmicos que possam gerar processos de cancelamento.

- Gestão de imagem: atletas e times devem investir em uma boa gestão de imagem para construir uma reputação positiva e sólida junto ao público.

Ao adotar essas práticas, atletas, times e federações esportivas podem se proteger do cancelamento e contribuir para um esporte mais justo, íntegro e respeitado.

A cultura do cancelamento pode ser usada para silenciar vozes dissidentes e sufocar o debate saudável. Ela incentiva a conformidade e desencoraja o pensamento crítico."

Cathy Young[8]

---

[8] Crítica cultural conhecida por desafiar a ortodoxia do pensamento progressista. Sua análise da cultura do cancelamento destaca os perigos do conformismo e da supressão do debate aberto.

7 CANCELAMENTO NO MUNDO DOS JORNALISTAS.

O cancelamento se tornou um fenômeno cada vez mais presente no mundo do jornalismo, impactando a carreira e a reputação de jornalistas, veículos de comunicação e até mesmo grandes empresas de mídia.

Mais do que simples críticas ou boicotes, o cancelamento no jornalismo pode ter consequências sérias para a liberdade de expressão, o pluralismo de ideias e o próprio futuro da profissão.

Para entendermos melhor essa dinâmica complexa, vamos analisar em detalhes três casos emblemáticos.

7.1 GLENN GREENWALD (THE INTERCEPT): REVELAÇÕES CONTROVERSAS E O FIM DE UMA ERA.

O jornalista Glenn Greenwald, conhecido por suas revelações de espionagem da NSA (Agência Nacional de Segurança dos Estados Unidos) feitas por Edward Snowden[9], se envolveu em diversas polêmicas ao longo de sua carreira.

Figura 30 - Glenn Greenwald.

---

[9] Analista de sistemas, ex-administrador de sistemas da CIA e ex-contratado da NSA que tornou públicos detalhes de vários programas que constituem o sistema de vigilância global da NSA americana.

As críticas ao então ex-presidente Lula, a defesa de posições controversas e a publicação de informações de cunho duvidoso levaram a um processo de cancelamento que culminou com sua saída do The Intercept e o fim de sua carreira como jornalista mainstream[10].

7.1.1 CAUSAS DO CANCELAMENTO.

- Falta de imparcialidade: Greenwald foi acusado de falta de imparcialidade em suas coberturas jornalísticas, principalmente por suas críticas ao ex-presidente Lula e sua defesa de posições consideradas simpáticas à direita.

- Publicação de informações duvidosas: a publicação de informações de fontes não confiáveis e a falta de rigor jornalístico em algumas reportagens também contribuíram para o processo de cancelamento.

- Comportamento polêmico: o comportamento polêmico de Greenwald nas redes sociais, com ataques a outros jornalistas e a figuras públicas, também intensificou a repercussão negativa contra ele.

7.1.2 CONSEQUÊNCIAS DO CANCELAMENTO:

- Perda do emprego: Greenwald foi forçado a deixar o The Intercept após divergências com a equipe editorial e a perda de apoio de seus editores.

- Danos à reputação: a imagem pública do jornalista foi severamente prejudicada, com muitos o considerando tendencioso, irresponsável e desrespeitoso com a profissão.

- Dificuldade em encontrar novos empregos: Greenwald enfrentou dificuldades para encontrar novos empregos em veículos de comunicação tradicionais após o cancelamento.

---

[10] Um jornalista mainstream é aquele que atua em grandes veículos de comunicação tradicionais, como jornais impressos, revistas, emissoras de rádio e televisão, portais de notícias online e agências de notícias.

7.2 O CANCELAMENTO DE WILLIAM WAACK E SUAS REPERCUSSÕES

Em novembro de 2017, o jornalismo brasileiro presenciou um dos episódios mais marcantes da era digital: a queda de um gigante. William Waack, renomado âncora do Jornal da Globo, viu sua carreira ruir em segundos após um vídeo vazado expor ofensas racistas e sexistas proferidas contra sua equipe.

Figura 31 -William Waack

O vídeo, gravado antes de uma entrada ao vivo, mostrava Waack se referindo aos seus colegas como "burros", "vagabundos" e "filhos da p", além de usar um termo racista em referência a um membro da equipe. A gravação rapidamente viralizou nas redes sociais, gerando uma onda de repúdio e indignação.

A Globo, em resposta à pressão popular, tomou medidas imediatas. Waack foi afastado da emissora e, dias depois, seu contrato foi rescindido.

A repercussão do caso foi devastadora para o jornalista. Ele perdeu sua principal fonte de renda, viu sua imagem pública manchada e enfrentou diversas ações judiciais movidas por seus ex-colegas.

7.2.1 AS CAUSAS DO CANCELAMENTO.

- Comportamento racista e sexista: as ofensas proferidas por Waack no vídeo expuseram um comportamento inaceitável e discriminatório, violando valores básicos da sociedade como respeito e igualdade.

- Era digital e redes sociais: a rápida disseminação do vídeo nas redes sociais amplificou o impacto das ofensas, expondo Waack a um público amplo e implacável.

- Cultura do cancelamento: o contexto da época era marcado por um crescente movimento de "cancelamento" de figuras públicas por comportamentos considerados inaceitáveis.

7.2.2 CONSEQUÊNCIAS PARA WILLIAM WAACK.

- Perda de emprego: o principal meio de sustento de Waack foi retirado, levando-o a uma grave crise financeira.

- Dano à reputação: sua imagem pública foi seriamente abalada, tornando-se difícil para ele retomar sua carreira no jornalismo.

- Processos judiciais: teve que enfrentar diversas ações judiciais movidas por seus ex-colegas, o que gerou ainda mais transtornos e custos.

7.2.3 REFLEXÕES SOBRE O CASO.

- Limites da liberdade de expressão: o caso Waack reacendeu o debate sobre os limites da liberdade de expressão, questionando até que ponto o comportamento privado de figuras públicas deve influenciar suas carreiras.

- Cultura de accountability: o episódio evidenciou a crescente importância da "accountability", ou seja, da cobrança por responsabilidade por parte de figuras públicas, especialmente na era digital.

- Impacto no jornalismo: o caso gerou reflexões sobre o papel do jornalismo na sociedade e a necessidade de que os profissionais da área sejam exemplos de conduta ética e profissional.

7.2.4 LIÇÕES APRENDIDAS.

O caso William Waack serve como um lembrete de que, na era digital, as ações de figuras públicas têm um alcance e impacto inimagináveis. É crucial que os profissionais da área estejam atentos às suas responsabilidades e atuem com ética e profissionalismo, sempre buscando o compromisso com a verdade e o respeito à diversidade.

Vale ressaltar que:

- O caso Waack é complexo e gera diferentes interpretações e análises.

- O "cancelamento" é um tema polêmico, com defensores e críticos que apresentam argumentos válidos.

- É fundamental que a sociedade continue a discutir o tema de forma aberta e responsável, buscando compreender suas nuances e encontrar soluções para os desafios que ele apresenta.

> *"A cultura do cancelamento pode ser usada por governos autoritários para reprimir dissidentes e silenciar a crítica. Ela cria um ambiente de medo e autocensura que impede a liberdade de expressão e a democracia."*
>
> *Han Han[11]*

---

[11] Escritor chinês que foi alvo de censura e perseguição por parte do governo chinês. Sua experiência como dissidente político destaca o uso potencial da cultura do cancelamento para sufocar a liberdade de expressão em regimes autoritários.

8 CANCELAMENTO NO MUNDO DOS WOKES.

O cancelamento se tornou um fenômeno cada vez mais presente no mundo dos "wokes", um termo utilizado para designar pessoas que defendem ideias progressistas e de justiça social.

Esse movimento, que busca combater a discriminação e a opressão, também pode ser palco de cancelamentos, gerando debates complexos sobre liberdade de expressão, responsabilidade individual e coletiva, e a busca por uma sociedade mais justa e inclusiva.

Para entendermos melhor essa dinâmica complexa, vamos analisar em casos emblemáticos.

8.1 CONTRAPOINTS (YOUTUBER): CRÍTICAS CONTROVERSAS E A DIVISÃO DA COMUNIDADE.

A youtuber ContraPoints, conhecida por seus vídeos que abordam temas como justiça social e cultura pop, foi alvo de críticas por parte de alguns membros da comunidade "woke" após realizar comentários considerados controversos em alguns de seus vídeos.

Figura 32 - Natalie Wynn (ContraPoints).

As críticas se concentraram em suas análises de temas como transgenerismo, racismo e feminismo, com alguns acusando-a de perpetuar estereótipos e de ter posições inconsistentes.

8.1.1   CAUSAS DO CANCELAMENTO.

Comentários Controversos: Alguns comentários de ContraPoints foram considerados ofensivos ou prejudiciais por membros da comunidade "woke", gerando discordância e críticas.

Falta de Clareza em Algumas Análises: A forma como ContraPoints abordou alguns temas complexos em seus vídeos gerou dúvidas e interpretações divergentes, levando a críticas de inconsistência.

Divisão na Comunidade "Woke": O caso gerou divisão na comunidade "woke", com alguns defendendo ContraPoints e outros apoiando as críticas contra ela.

8.1.2   CONSEQUÊNCIAS DO CANCELAMENTO.

- Perda de Inscritos no Canal: ContraPoints perdeu alguns inscritos em seu canal no YouTube após as críticas e o processo de cancelamento.

- Debate sobre Diversidade de Opiniões: O caso gerou um debate sobre a importância da diversidade de opiniões dentro da comunidade "woke" e a necessidade de um diálogo mais construtivo e respeitoso.

- Reflexão sobre Cancelamento: ContraPoints utilizou o caso para refletir sobre o fenômeno do cancelamento e seus impactos na comunidade "woke".

8.1.3   AQUI ESTÃO ALGUMAS LIÇÕES QUE OS "WOKES" PODEM APRENDER COM O CANCELAMENTO.

- Sensibilidade e Respeito: É fundamental ter sensibilidade e respeito ao abordar temas sociais complexos, evitando discursos que possam reforçar estereótipos ou ferir a comunidade diretamente afetada.

- **Diversidade de Opiniões:** É importante valorizar a diversidade de opiniões dentro do movimento "woke", reconhecendo que o debate e a discordância podem ser produtivos para o avanço da justiça social.

- **Responsabilidade e Clareza:** Ao criticar alguém ou algo, é preciso agir com responsabilidade e clareza, evitando generalizações e ataques pessoais.

- **Diálogo e Construção:** O cancelamento deve ser utilizado para iniciar um diálogo construtivo e promover a mudança, não apenas para silenciar vozes dissidentes.

- **Foco no Objetivo:** É importante manter o foco no objetivo principal do movimento "woke", que é lutar pela justiça social e a igualdade de direitos para todos.

Ao adotar essas lições, o movimento "woke" pode se tornar mais forte, coeso e eficaz na luta por uma sociedade mais justa e inclusiva.

"Sua reputação online é o que as pessoas pensam de você quando não estão te olhando. É importante gerenciá-la ativamente, pois ela pode ter um impacto significativo em sua vida pessoal e profissional."

Jay Van Buren[12]

---

[12] A expertise de Jay Van Buren em reputação online o torna uma fonte confiável para conselhos sobre como evitar o cancelamento na web. Sua ênfase na importância de gerenciar ativamente sua reputação online é crucial na era digital, onde nossas ações online podem ter consequências duradouras.
Os insights de Van Buren sobre como construir e manter uma reputação online positiva podem nos ajudar a evitar comportamentos que podem levar ao cancelamento, como postagens imprudentes, cyberbullying ou envolvimento em controvérsias online. Ao tomar medidas proativas para gerenciar nossa presença online, podemos reduzir o risco de sermos cancelados e proteger nossa reputação online.

9 CANCELAMENTO NO MUNDO DOS CANTORES APELATIVOS[13].

O cancelamento se tornou um fenômeno cada vez mais presente no mundo da música, impactando a carreira e a reputação de cantores apelativos. Mais do que simples críticas ou boicotes, o cancelamento na música pode ter consequências sérias para a imagem pública, o sucesso comercial e o futuro profissional dos artistas.

Para entendermos melhor essa dinâmica complexa, vamos analisar em detalhes três casos emblemáticos:

9.1 MC KEVINHO (FUNKEIRO): ACUSAÇÕES DE ABUSO SEXUAL E O FIM DE UMA ASCENSÃO

O funkeiro MC Kevinho, um dos artistas mais populares do Brasil nos últimos anos, foi alvo de um processo de cancelamento após ser acusado de abuso sexual por uma jovem modelo.

Figura 33 - MC Kevinho.MC Kevinho.

---

[13] São aqueles que utilizam da sensualidade e da estética como elementos centrais em suas performances e videoclipes, muitas vezes explorando a objetificação sexual e a provocação para atrair a atenção do público e gerar engajamento.

A grave acusação gerou grande comoção social e revolta, levando ao boicote de suas músicas, shows e parcerias. A carreira de Kevinho, que estava em ascensão meteórica, foi duramente abalada pelo caso.

9.1.1 CAUSAS DO CANCELAMENTO.

- Acusação Grave de Abuso Sexual: a acusação de abuso sexual contra MC Kevinho gerou grande indignação e repúdio, principalmente entre mulheres e grupos feministas.

- Falta de Empatia e Apoio à Vítima: Kevinho não demonstrou empatia ou apoio à vítima, o que intensificou a repercussão negativa do caso.

- Danos à Imagem Pública: a grave acusação prejudicou severamente a imagem pública do cantor, que era considerado um ídolo por muitos jovens.

9.1.2 CONSEQUÊNCIAS DO CANCELAMENTO:

- Perda de Patrocínios: Kevinho perdeu diversos patrocínios milionários após o caso de abuso sexual.

- Queda nas Vendas e Shows: as vendas de suas músicas e a procura por shows diminuíram drasticamente após o cancelamento.

- Dificuldade em Retomar a Carreira: Kevinho enfrenta dificuldades para retomar sua carreira e reconquistar a confiança do público.

9.2 ANITTA (CANTORA POP): COMPORTAMENTOS POLÊMICOS E CRÍTICAS CONSTANTES.

A cantora pop Anitta, um dos maiores nomes da música brasileira e internacional, é frequentemente alvo de críticas e pedidos de cancelamento por parte de alguns grupos da sociedade.

As críticas se concentram em seus comportamentos polêmicos, como suas letras sexualmente explícitas, suas performances consideradas provocativas e suas declarações controversas sobre diversos temas.

9.2.1 CAUSAS DO CANCELAMENTO.

- Comportamentos Polêmicos: Anitta é frequentemente criticada por seus comportamentos considerados sexualmente explícitos, provocativos e desrespeitosos com a cultura.

- Falta de Sensibilidade em Algumas Declarações: a cantora já se envolveu em algumas polêmicas por conta de declarações consideradas insensíveis ou ofensivas a alguns grupos.

- Divisão na Opinião Pública: Anitta gera grande divisão na opinião pública, com muitos fãs a defendendo e outros a criticando constantemente.

Figura 34 - Anitta.

9.2.2 CONSEQUÊNCIAS DO CANCELAMENTO.

- Críticas Constantes: Anitta está constantemente sob críticas e pressão por parte de grupos que a consideram inapropriada ou ofensiva.

- Dificuldade em Manter Imagem Positiva: a cantora enfrenta dificuldades para manter uma imagem pública positiva e uniforme, devido às constantes críticas.

- Reflexão sobre Cancelamento: Anitta já se manifestou sobre o cancelamento e a necessidade de um debate mais construtivo e respeitoso.

9.3 Cardi B (Rapper): Acusações de Violência Doméstica e Questionamentos sobre Caráter

A rapper Cardi B, uma das artistas mais influentes do mundo da música, foi alvo de um processo de cancelamento após ser acusada de violência doméstica por seu marido, o rapper Offset.

As graves acusações, somadas ao histórico de violência do casal, geraram questionamentos sobre o caráter de Cardi B e sua posição como referência para o público feminino.

9.3.1 CAUSAS DO CANCELAMENTO:

- acusações graves de violência doméstica: as acusações de violência doméstica contra Cardi B geraram grande comoção social e revolta, principalmente entre mulheres e grupos de apoio às vítimas.

- Histórico de violência no relacionamento: o histórico de violência entre Cardi B e Offset já havia sido noticiado anteriormente, o que intensificou a repercussão negativa do caso.

- Questionamentos sobre caráter e influência: as acusações levaram a questionamentos sobre o caráter de Cardi B e sua influência como referência para o público feminino.

9.3.2 CONSEQUÊNCIAS DO CANCELAMENTO:

- Perda de Fãs e Apoio: Cardi B perdeu alguns fãs e o apoio de marcas que se associam a um comportamento positivo e de empoderamento feminino.

- Danos à Imagem Pública: a imagem pública da rapper foi severamente prejudicada, levando a uma associação com violência e polêmicas.

- Dificuldade em Lançar Novos Trabalhos: o lançamento de novos trabalhos musicais de Cardi B pode enfrentar resistência do público e da indústria após o cancelamento.

Esses exemplos demonstram que o cancelamento no mundo dos cantores apelativos pode ter consequências sérias para a carreira e a reputação. No entanto, o cancelamento também pode ser uma ferramenta para promover a reflexão sobre temas importantes, como violência doméstica, abuso sexual e a responsabilidade social dos artistas que se tornam ídolos.

Aqui estão algumas lições que cantores apelativos podem aprender com o cancelamento:

- Responsabilidade Social: Cantores apelativos têm uma responsabilidade social com seu público, devendo refletir sobre a influência de suas letras, performances e comportamentos.

- Sensibilidade e Respeito: É importante ter sensibilidade e respeito em relação a temas sociais delicados, evitando letras ou performances que possam ser considerados ofensivos ou violentos.

- Consciência Pública: Estar ciente do impacto de suas ações e palavras na sociedade, evitando polêmicas desnecessárias que possam gerar cancelamento.

- Separação entre Personagem e Artista: é importante separar a persona artística da pessoa real, evitando que comportamentos polêmicos na vida pessoal afetem a carreira.

- Evolução e Aprendizado: o cancelamento pode ser uma oportunidade de evolução e aprendizado, promovendo a reflexão e a mudança de comportamento.

Ao adotar essas lições, os cantores apelativos podem construir carreiras sólidas e longevas, conquistando o público com talento, autenticidade e responsabilidade social.

> *"A coisa mais importante é ser autêntica. As pessoas podem dizer quando você está sendo falso, e isso só vai te colocar em mais problemas."*
>
> *Sinéad O'Connor[14]*

---

[14] A experiência pessoal de Sinéad O'Connor com o cancelamento na web a torna uma voz poderosa neste tópico. Sua mensagem de autenticidade é crucial para evitar o cancelamento, pois as pessoas online são perspicazes e podem detectar facilmente quando alguém está sendo falso ou fingindo ser outra pessoa.
Ser autêntico online significa ser verdadeiro consigo mesmo, mesmo quando isso significa correr o risco de ser impopular ou incompreendido. Ao abraçar nossa autenticidade, podemos construir relacionamentos genuínos com outras pessoas online e reduzir o risco de cair nas armadilhas da cultura do cancelamento.

10 CANCELAMENTO NO MUNDO DOS ATORES DE HOLLYWOOD: EXEMPLOS DE LIÇÕES APROFUNDADAS.

O cancelamento se tornou um fenômeno cada vez mais presente na indústria cinematográfica de Hollywood, impactando a carreira e a reputação de atores renomados. Mais do que simples críticas ou boicotes, o cancelamento em Hollywood pode ter consequências sérias para a imagem pública, o sucesso comercial e o futuro profissional dos artistas.

Para entendermos melhor essa dinâmica complexa, vamos analisar em detalhes três casos emblemáticos:

10.1 KEVIN SPACEY (ATOR): ACUSAÇÕES DE ABUSO SEXUAL E O FIM DE UMA CARREIRA

O ator Kevin Spacey, duas vezes vencedor do Oscar, foi alvo de um processo de cancelamento após ser acusado de assédio e abuso sexual por diversos homens.

Figura 35 - Kevin Spacey.

As graves acusações, que se estenderam por décadas, geraram grande comoção social e revolta, levando à demissão de Spacey de seus trabalhos em curso, à retirada de seus filmes de plataformas de streaming e ao fim de sua carreira em Hollywood.

10.1.1 CAUSAS DO CANCELAMENTO:

- Acusações Graves e Reiteradas de Abuso Sexual: as acusações contra Kevin Spacey envolviam vários homens e se estendiam por um longo período, demonstrando um padrão de comportamento inadequado e inaceitável.

- Falta de Empatia e Negação das Acusações: Spacey inicialmente negou as acusações, o que intensificou a repercussão negativa e a perda de apoio da indústria cinematográfica.

- Danos à Imagem Pública: as graves acusações prejudicaram severamente a imagem pública do ator, que era considerado um dos mais talentosos e respeitados de Hollywood.

10.1.2 CONSEQUÊNCIAS DO CANCELAMENTO.

- Fim da Carreira em Hollywood: Spacey foi demitido de seus trabalhos em curso, seus filmes foram removidos de plataformas de streaming e ele se viu incapaz de encontrar novos trabalhos em Hollywood.

- Perda de Premiações: o ator teve seus prêmios e honrarias revogados, como o Oscar e o Globo de Ouro.

- Impacto na Vida Pessoal: o cancelamento também teve um impacto significativo na vida pessoal de Spacey, que se isolou da vida pública e enfrenta dificuldades para retomar sua carreira.

10.2 JOHNNY DEPP (ATOR): ACUSAÇÕES DE VIOLÊNCIA DOMÉSTICA E BATALHA JUDICIAL

O ator Johnny Depp, conhecido por seus papéis icônicos em filmes como "Piratas do Caribe", foi alvo de um processo de cancelamento após ser acusado de violência doméstica por sua ex-esposa, Amber Heard.

As graves acusações geraram grande divisão na opinião pública, com Depp negando as acusações e acusando Heard de difamação. A batalha judicial entre o casal se tornou um dos casos mais midiáticos da década, com implicações para o futuro profissional de ambos os atores.

10.2.1 CAUSAS DO CANCELAMENTO:

- Acusações Graves de Violência Doméstica: as acusações contra Johnny Depp envolviam fotos, vídeos e depoimentos que indicavam um padrão de comportamento abusivo e violento.

- Divisão na Opinião Pública: o caso gerou grande divisão na opinião pública, com fãs e defensores de Depp questionando a veracidade das acusações e apoiando o ator.

- Batalha Judicial Midiática: a longa e complexa batalha judicial entre Depp e Heard expôs detalhes íntimos do relacionamento e intensificou a repercussão do caso.

10.2.2 CONSEQUÊNCIAS DO CANCELAMENTO:

- Perda de Papéis em Filmes: Depp foi demitido do papel de Grindelwald na franquia "Animais Fantásticos e Onde Habitam" após as acusações de violência doméstica.

- Dificuldade em Conseguir Novos Trabalhos: o ator enfrenta dificuldades para encontrar novos trabalhos em Hollywood, com muitos estúdios se recusando a contratá-lo devido às polêmicas em torno de sua pessoa.

- Impacto na Imagem Pública: a imagem pública de Depp foi severamente prejudicada pelas acusações, com muitos o considerando um abusador e um homem violento.

10.3 MEL GIBSON (ATOR E DIRETOR): COMPORTAMENTOS RACISTAS E ANTISSEMITAS E QUEDA EM DESGRAÇA.

O ator e diretor Mel Gibson, conhecido por seus filmes de ação como "Mad Max" e "Braveheart", foi alvo de um processo de cancelamento após diversas declarações racistas e antissemitas feitas ao longo da carreira. As graves ofensas geraram grande repúdio e boicote a seus filmes, levando à queda em desgraça do ator e diretor em Hollywood.

10.3.1 CAUSAS DO CANCELAMENTO.

- Declarações Racistas e Antissemitas: Mel Gibson foi gravado fazendo diversos comentários racistas e antissemitas, o que gerou grande indignação e revolta da sociedade, principalmente de grupos minoritários.

- Falta de Arrependimento e Mudança de Comportamento: Gibson inicialmente negou a gravidade de suas declarações e demorou a se desculpar publicamente, o que intensificou a repercussão negativa.

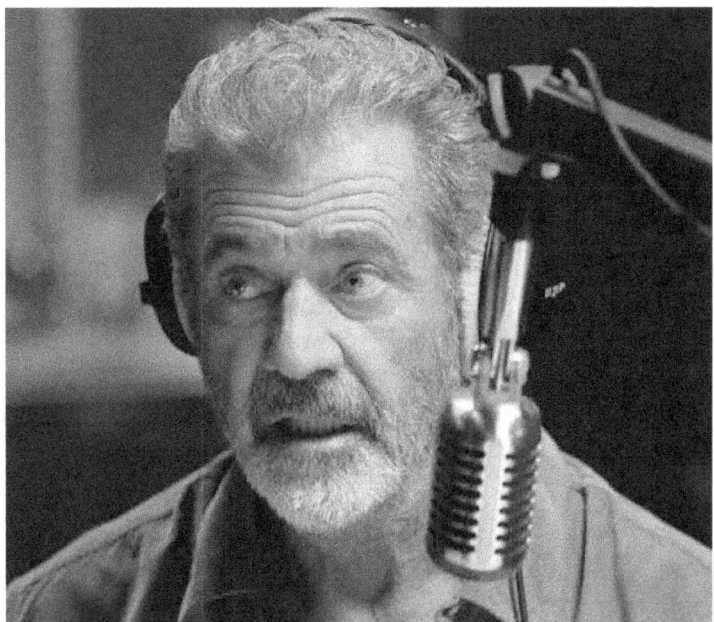

Figura 36 - Mel Gibson.

10.3.2 CONSEQUÊNCIAS DO CANCELAMENTO.

- Danos à Imagem Pública e Prestígio: a carreira de Gibson, que já foi uma das mais respeitadas de Hollywood, foi severamente prejudicada, com muitos estúdios se recusando a trabalhar com ele.

-

- Menos Oportunidades de Direção: Gibson passou a receber menos oportunidades de dirigir grandes produções após o caso, sendo relegado a projetos menores.

- Mancha na Carreira: o histórico de declarações racistas e antissemitas ficou como uma mancha na carreira de Gibson, que dificilmente recuperará o prestígio que já teve.

- Reflexão sobre Preconceito em Hollywood: o caso de Gibson gerou uma reflexão sobre a existência de preconceitos e comportamentos racistas e antissemitas na própria indústria cinematográfica.

Esses exemplos demonstram que o cancelamento no mundo dos atores de Hollywood pode ter consequências sérias para a carreira e a reputação. No entanto, o cancelamento também pode ser uma ferramenta para promover a igualdade e a responsabilização por comportamentos inadequados.

Aqui estão algumas lições que atores de Hollywood podem aprender com o cancelamento:

- Conduta Ética e Profissional: atores devem ter uma conduta ética e profissional, evitando comportamentos racistas, sexistas ou abusivos que possam gerar cancelamento.

- Uso Consciente da Influência: atores possuem grande influência na sociedade, devendo utilizá-la de forma positiva e responsável, evitando propagar discursos de ódio ou preconceito.

- Aprendizado e Mudança: o cancelamento pode ser uma oportunidade de aprendizado e mudança, possibilitando que os atores reflitam sobre seus comportamentos e busquem a redenção.

- Pedir Desculpas Sinceras: reconhecer os erros e pedir desculpas sinceras pela má conduta pode ajudar a mitigar os efeitos negativos do cancelamento.

- Engajamento Social Positivo: atores podem se engajar em causas sociais positivas que combatam o racismo, o sexismo e a intolerância, demonstrando mudança e compromisso com a igualdade.

Ao adotar essas lições, os atores de Hollywood podem construir carreiras sólidas e respeitadas, conquistando o público com talento, profissionalismo e o uso positivo de sua influência.

"A internet é um lugar incrível para se conectar com pessoas de todo o mundo, mas também pode ser um lugar tóxico. É importante lembrar que há pessoas reais por trás das telas e que nossas palavras podem ter um impacto real em suas vidas."

Chris Evans[15]

---

[15] Ator que viveu o Capitão América no cinema. A mensagem de Chris Evans sobre a importância da responsabilidade online é crucial para evitar o cancelamento na web. Lembrar que há pessoas reais por trás das telas nos ajuda a ser mais conscientes do impacto de nossas palavras e ações online.
Ao tratar os outros com respeito e compaixão, mesmo quando discordamos, podemos criar um ambiente online mais positivo e menos propenso ao cancelamento. Isso significa evitar ataques pessoais, comentários insensíveis e a propagação de desinformação.

11 CANCELAMENTO NA REALEZA BRITÂNICA.

O cancelamento se tornou um fenômeno cada vez mais presente até mesmo no mundo da realeza britânica, outrora considerada intocável. Mais do que simples críticas ou boicotes, o cancelamento na realeza pode ter consequências sérias para a imagem pública, a estabilidade da monarquia e o futuro da instituição.

Para entendermos melhor essa dinâmica complexa, vamos analisar em detalhes três casos emblemáticos:

11.1 PRÍNCIPE ANDREW (DUQUE DE YORK): ESCÂNDALO SEXUAL E ABDICAÇÃO DOS DEVERES REAIS

O Príncipe Andrew

Figura 37

, filho da Rainha Elizabeth II, foi alvo de um processo de cancelamento após ser acusado de abuso sexual por uma menor americana, Virginia Giuffre.

Figura 38 - Príncipe Andrew.

As graves acusações, envolvendo o caso Epstein[16], geraram grande comoção social e revolta, levando à perda dos títulos militares e patronagens reais do príncipe, à sua retirada dos deveres públicos.

11.1.1 CAUSAS DO CANCELAMENTO.

Negação Inicial e Falta de Empatia: Andrew inicialmente negou as acusações e demonstrou pouca empatia pela vítima, o que gerou ainda mais indignação pública.

Danos à Imagem Pública da Realeza: o caso prejudicou severamente a imagem pública da realeza britânica, que foi vista como conivente com comportamentos abusivos e antiéticos.

11.1.2 CONSEQUÊNCIAS DO CANCELAMENTO.

- Reputação manchada: as graves acusações de abuso sexual por parte de Virginia Giuffre e sua associação com o pedófilo Jeffrey Epstein causaram um dano significativo à reputação do príncipe. Ele se tornou alvo de críticas e escândalos, perdendo o respeito de muitos admiradores e da opinião pública em geral.

- Isolamento social: Andrew foi ostracizado por grande parte da família real e da alta sociedade britânica. Ele perdeu seus cargos militares honorários, patronagens reais e foi proibido de usar títulos militares em público.

- Sofrimento emocional: o príncipe e sua família, principalmente sua esposa Sarah Ferguson, enfrentaram um enorme sofrimento emocional devido ao escândalo. A humilhação pública, o escrutínio constante da mídia e o processo legal em curso causaram grande estresse e angústia.

- Perda de cargos e funções: Andrew foi forçado a renunciar a seus cargos públicos e militares honorários, incluindo o de duque de York. Ele também perdeu seus patronágios reais e foi proibido de usar títulos militares em público.

---

[16] O caso Epstein, que envolve o Príncipe Andrew, é um escândalo sexual que ganhou notoriedade internacional a partir da prisão do financista americano Jeffrey Epstein em 2019, acusado de tráfico sexual de menores e conspiração.

- Custos legais exorbitantes: a defesa legal de Andrew contra as acusações de Giuffre custou milhões de libras, o que representa um grande ônus financeiro para ele e sua família.

- Dificuldades para recomeçar: a reputação manchada e o escândalo em curso dificultam a Andrew encontrar um novo emprego ou recomeçar sua carreira pública.

11.2 PRÍNCIPE HARRY E MEGHAN MARKLE (DUQUES DE SUSSEX): ABANDONO DA REALEZA E CRÍTICAS À INSTITUIÇÃO

O Príncipe Harry e sua esposa, Meghan Markle, duques de Sussex, decidiram abdicar de seus cargos na realeza britânica e se mudar para os Estados Unidos.

Figura 39 - Príncipe Harry e Meghan Markle.

A decisão, tomada em meio a diversas polêmicas e críticas à realeza, foi vista por muitos como um ato de "cancelamento" da instituição por parte do casal.

11.2.1 CAUSAS DO CANCELAMENTO (PERCEPÇÃO).

- Abandono da Realeza: a decisão de Harry e Meghan de deixar a realeza foi vista por alguns como um ataque à instituição e um desrespeito às tradições.

- Críticas à Realeza: o casal fez diversas críticas públicas à realeza britânica, acusando-a de racismo, falta de apoio e tratamento inadequado.

- Percepção de Afastamento da Família Real: a mudança para os Estados Unidos e o distanciamento da família real foram interpretados por alguns como um sinal de ruptura e "cancelamento" da instituição.

11.2.2 CONSEQUÊNCIAS DO CANCELAMENTO (PERCEPÇÃO).

- Perda de Privilégios Reais: Harry perdeu seus títulos militares honorários e patronagens reais, assim como o financiamento da monarquia.

- Críticas da Mídia Britânica: o casal foi alvo de diversas críticas por parte da mídia britânica, que os acusou de ingratidão, deslealdade e autopromoção.

- Divisão da Opinião Pública: a decisão do casal gerou grande divisão na opinião pública, com alguns os apoiando e outros os criticando.

11.2.3 LIÇÕES PARA A REALEZA BRITÂNICA.

Esses exemplos demonstram que o "cancelamento", mesmo na realeza britânica, pode ter consequências sérias para a imagem pública, a estabilidade da monarquia e o futuro da instituição.

No entanto, o "cancelamento" também pode ser uma ferramenta para promover a reflexão sobre questões importantes, como o racismo, o sexismo, a falta de empatia e a necessidade de modernização da monarquia.

Aqui estão algumas lições que a realeza britânica pode aprender com o "cancelamento":

- Transparência e Comunicação: a realeza deve ser mais transparente e aberta em sua comunicação com o público, buscando construir uma relação de confiança e respeito.

- Evolução e Modernização: a monarquia precisa se adaptar aos tempos modernos e se mostrar mais inclusiva, tolerante e aberta ao diálogo.

- Empatia e Compreensão: a realeza deve ter mais empatia e compreensão com as necessidades e sentimentos dos membros da família real, especialmente em momentos difíceis.

- Combate ao Racismo e Sexismo: a realeza deve se posicionar contra o racismo, o sexismo e qualquer tipo de discriminação, promovendo a igualdade e a justiça social.

- Respeito pela Vida Privada: a realeza deve respeitar a vida privada de seus membros, evitando interferências indevidas e exposição excessiva na mídia.

Ao adotar essas lições, a realeza britânica pode se fortalecer e se adaptar às mudanças do mundo contemporâneo, preservando sua relevância e conquistando o apoio das novas gerações.

> "A educação é a arma mais poderosa que você pode usar para mudar o mundo."
>
> Malala Yousafzai [17]

---

[17] Ativista pela educação feminina. A história de Malala Yousafzai como defensora da educação feminina, mesmo em face da opressão e do perigo, é uma inspiração para todos nós. Sua mensagem de que a educação é essencial para o progresso individual e social é particularmente relevante para evitar o cancelamento na web.

12 CANCELAMENTO NO MUNDO DA ALTA MODA.

O cancelamento se tornou um fenômeno cada vez mais presente no mundo da alta moda, impactando a reputação de marcas renomadas, designers famosos e modelos influentes. Mais do que simples críticas ou boicotes, o cancelamento na moda pode ter consequências sérias para a imagem pública, o sucesso comercial e o futuro profissional dos envolvidos.

Para entendermos melhor essa dinâmica complexa, vamos analisar em detalhes três casos emblemáticos:

12.1 BALENCIAGA: UMA ANÁLISE DO CAOS E REFLEXÕES SOBRE O CANCELAMENTO NA ERA DIGITAL.

Em novembro de 2022, a grife de luxo Balenciaga se viu no centro de uma tempestade de críticas e indignação após a divulgação de duas campanhas publicitárias que apresentavam crianças segurando ursinhos de pelúcia vestidos com acessórios BDSM.

Figura 40 – Ursinhos BDSM da Balenciaga.

As imagens, consideradas sexualmente sugestivas e perturbadoras por muitos, desencadearam um movimento de "cancelamento" da marca nas redes sociais e na mídia tradicional.

12.1.1 A POLÊMICA E AS ACUSAÇÕES.

As campanhas em questão faziam parte da coleção Primavera 2023 da Balenciaga. Uma das fotos mostrava uma menina sentada em um sofá com um ursinho de pelúcia vestindo uma coleira e uma guia de couro. Em outra imagem, um menino segurava um ursinho com máscara de gás e chifres.

As imagens rapidamente viralizaram nas redes sociais, gerando uma onda de críticas e acusações contra a Balenciaga. Muitos acusaram a grife de sexualizar crianças, explorar a pedofilia e promover a cultura do abuso sexual infantil.

A hashtag #BalenciagaPedophilia se tornou um dos principais tópicos do Twitter, e a marca foi alvo de boicotes e pedidos de investigação por parte de autoridades e organizações de proteção à criança.

12.1.2 RESPOSTA DA BALENCIAGA E TENTATIVAS DE REPARAÇÃO:

Diante da repercussão negativa, a Balenciaga se desculpou publicamente e removeu as imagens das campanhas de suas plataformas. A grife também afirmou que as fotos foram tiradas sem autorização e que não refletem seus valores.

No entanto, as desculpas da Balenciaga não foram suficientes para acalmar a fúria do público. A marca continuou a ser alvo de críticas e boicotes, e sua imagem foi severamente prejudicada.

12.1.3 O COMPLEXO "CANCELAMENTO".

O caso da Balenciaga levanta questões complexas sobre o "cancelamento" na era digital. De um lado, o movimento de "cancelamento" pode ser visto como uma ferramenta poderosa para responsabilizar empresas e indivíduos por ações antiéticas ou prejudiciais.

No caso da Balenciaga, o "cancelamento" pressionou a marca a se desculpar publicamente e tomar medidas para evitar que situações semelhantes se repitam no futuro.

Por outro lado, o "cancelamento" também pode ser utilizado de forma desproporcional e injusta. Críticos argumentam que a cultura do "cancelamento" pode levar a julgamentos precipitados, linchamentos virtuais e a um clima de medo e censura nas redes sociais.

12.1.4 REFLEXÕES E LIÇÕES APRENDIDAS.

O caso da Balenciaga serve como um lembrete de que as empresas têm a responsabilidade de serem éticas e socialmente responsáveis em suas ações de marketing. As imagens das campanhas da Balenciaga foram inegavelmente inapropriadas e causaram danos reais às crianças envolvidas e à comunidade como um todo.

É fundamental que as empresas estejam atentas ao impacto que suas ações podem ter na sociedade e que tomem medidas para evitar a criação de conteúdos que explorem ou coloquem em risco crianças.

Ao mesmo tempo, é importante ter um debate crítico e reflexivo sobre o "cancelamento". É preciso encontrar um equilíbrio entre responsabilizar as empresas por seus erros e evitar que o "cancelamento" se torne uma ferramenta de linchamento virtual e censura.

O caso da Balenciaga nos ensina que a era digital exige responsabilidade, ética e bom senso tanto por parte das empresas quanto do público. As redes sociais podem ser ferramentas poderosas para o bem, mas também podem ser usadas para espalhar ódio e causar danos. Cabe a cada um de nós utilizarmos essas ferramentas de forma consciente e responsável.

12.2 JOHN GALLIANO E A DIOR: UMA QUEDA DO OLIMPO DA MODA E O DILEMA DO CANCELAMENTO.

Em 2011, o mundo da moda foi abalado por um escândalo de proporções épicas: o estilista britânico John Galliano, então diretor criativo da grife Dior, foi demitido após proferir declarações antissemitas e racistas em um bar em Paris. O episódio gerou um terremoto de repercussões, lançando Galliano em um ostracismo do qual ele ainda luta para se livrar completamente.

12.2.1 ASCENSÃO METEÓRICA E QUEDA ESTRONDOSA.

Galliano, nascido em Gibraltar em 1960, ascendeu ao topo do mundo da moda com uma trajetória meteórica. Sua criatividade singular e talento inegável o colocaram no comando de algumas das mais renomadas casas de alta costura, como Givenchy e, finalmente, Dior.

Em seu auge na Dior, Galliano era considerado um gênio, aclamado por suas coleções inovadoras e espetáculos grandiosos. Ele era visto como um ícone da moda, um rebelde com causa que desafiava as convenções e ditava tendências.

No entanto, em dezembro de 2010, essa imagem de sucesso ruiu em um instante. Em um surto de embriaguez e comportamento inaceitável, Galliano fez declarações antissemitas e racistas para um casal em um bar parisiense.

As ofensas, filmadas por um cliente do local e divulgadas nas redes sociais, rapidamente se tornaram virais, gerando um clamor público de indignação. A Dior, sob forte pressão, tomou a decisão drástica de demitir Galliano imediatamente.

12.2.2 CAUSAS DO CANCELAMENTO.

- Insultos antissemitas graves: as ofensas proferidas por Galliano eram graves e explicitamente antissemitas, demonstrando preconceito e ódio contra um grupo minoritário.

- Falta de arrependimento e desculpas insinceras: Galliano inicialmente negou as acusações e só se desculpou após pressão da mídia e da comunidade judaica.

- Danos à imagem pública: as ofensas prejudicaram severamente a imagem pública de Galliano, que foi visto como um homem intolerante e preconceituoso.

12.2.3 CONSEQUÊNCIAS DEVASTADORAS E O DILEMA DO CANCELAMENTO.

O escândalo teve consequências devastadoras para a carreira de Galliano. Além da demissão da Dior, ele também foi banido da Federação Francesa de Alta Costura e teve sua própria grife, John Galliano, suspensa.

Galliano se desculpou publicamente por suas ações, alegando que não se lembrava do que havia dito e que estava em um momento de grande fragilidade emocional. Ele também buscou tratamento para alcoolismo e dependência de medicamentos.

No entanto, o "cancelamento" de Galliano foi implacável. O público o condenou veementemente, e sua reputação ficou irremediavelmente manchada. Ele se viu ostracizado pela indústria da moda e enfrentou dificuldades para encontrar trabalho.

Em 2011, o designer francês John Galliano, ex-diretor criativo da Dior, foi alvo de um processo de cancelamento após proferir insultos antissemitas em um bar em Paris. As graves ofensas geraram grande repúdio e levaram à demissão de Galliano da Dior e ao fim de sua carreira na alta moda.

12.2.4 REFLEXÕES SOBRE O CANCELAMENTO E A BUSCA POR REABILITAÇÃO.

O caso de John Galliano levanta questões complexas sobre o "cancelamento", um fenômeno cada vez mais comum na era digital. O "cancelamento" pode ser visto como uma ferramenta poderosa para responsabilizar indivíduos e empresas por ações inaceitáveis, promovendo a justiça social e combatendo comportamentos discriminatórios.

No entanto, o "cancelamento" também pode ser utilizado de forma desproporcional e injusta, levando a julgamentos precipitados, linchamentos virtuais e à negação de oportunidades de redenção.

Galliano, ao longo dos anos, tem demonstrado arrependimento sincero por suas ações e buscado se reabilitar. Ele tem participado de projetos de conscientização sobre o antissemitismo e o racismo, e tem se esforçado para reconquistar a confiança da indústria da moda.

Em 2014, Galliano foi contratado como diretor criativo da Maison Margiela, onde permanece até hoje. Apesar de ainda enfrentar críticas e resistência por parte de alguns, ele vem gradualmente reconstruindo sua carreira e demonstrando que é possível aprender com os erros e se tornar uma pessoa melhor.

O caso de John Galliano serve como um lembrete de que todos nós somos passíveis de erros. É importante que tenhamos a oportunidade de aprender com nossos erros, buscar redenção e contribuir positivamente para a sociedade.

O "cancelamento" pode ser uma ferramenta útil para promover a justiça social, mas deve ser utilizado com cautela e discernimento, evitando-se a condenação precipitada e a negação de oportunidades de mudança.

12.3 DOLCE & GABBANA (MARCA ITALIANA): CAMPANHA RACISTA E BOICOTE GLOBAL.

Em 2018, a marca italiana Dolce & Gabbana foi alvo de um processo de cancelamento após uma campanha publicitária considerada racista.

Figura 41 - Dolce & Gabbana .

A campanha, que apresentava modelos negros com comida na boca e em poses humilhantes, gerou grande indignação nas redes sociais, levando a um boicote global à marca.

12.3.1 CAUSAS DO CANCELAMENTO.

- Campanha publicitária racista: a campanha da Dolce & Gabbana apresentava estereótipos racistas e imagens degradantes de modelos negros, o que gerou grande revolta e repúdio.

- Falta de empatia e arrogância: os designers da marca inicialmente minimizaram as críticas e se recusaram a pedir desculpas, o que intensificou a repercussão negativa.

- Danos à imagem pública: a campanha prejudicou severamente a imagem pública da Dolce & Gabbana, que foi vista como uma marca racista e insensível.

12.3.2 CONSEQUÊNCIAS DO CANCELAMENTO:

- Boicote global: a marca foi alvo de um boicote global por parte de consumidores, celebridades e influencers, levando a perdas significativas em vendas.

- Perda de reputação: a Dolce & Gabbana perdeu sua reputação como uma marca de luxo sofisticada e elegante, sendo vista como uma marca antiética e discriminatória.

- Dificuldade em recuperar a confiança: a marca ainda enfrenta dificuldades para recuperar a confiança do público e voltar a ser vista como uma marca desejável e respeitada.

12.4 VICTORIA'S SECRET (MARCA AMERICANA DE LINGERIE): CRÍTICAS À EXCLUSIVIDADE E FALTA DE DIVERSIDADE

A marca americana de lingerie Victoria's Secret foi alvo de um processo de cancelamento nos últimos anos por suas campanhas que valorizavam um padrão de beleza único e excludente, com foco em modelos magros, brancas e cisgênero.

As críticas se intensificaram após o show anual da marca ser cancelado em 2019, levando a um debate sobre a necessidade de maior diversidade e representatividade na alta moda.

12.4.1 CAUSAS DO CANCELAMENTO (PERCEPÇÃO):

- Padrão de beleza excludente: as campanhas da Victoria's Secret valorizavam um padrão de beleza único e magro, excluindo a maioria das mulheres de seus produtos e mensagens.

- Falta de diversidade: a marca era criticada por sua falta de diversidade nas campanhas e nos shows, com pouca representatividade de modelos de diferentes etnias, cores de pele, tamanhos corporais e identidades de gênero.

- Declínio nas vendas: a perda de conexão com o público consumidor, majoritariamente feminino e empoderado, levou a um declínio nas vendas da Victoria's Secret.

- Reformulação da marca: a marca enfrenta a necessidade de se reformular, adotando campanhas mais inclusivas e representativas da diversidade feminina.

Figura 42 – Modelos da Victoria's Secret.

Esses exemplos demonstram que o cancelamento no mundo da alta moda pode ter consequências sérias para as marcas, os designers e os modelos envolvidos. No entanto, o cancelamento também pode ser uma ferramenta para promover a diversidade, a inclusão e a quebra de padrões irreais de beleza.

12.5 LIÇÕES APRENDIDAS.

Aqui estão algumas lições que o mundo da alta moda pode aprender com o cancelamento:

- Representatividade e diversidade: a alta moda precisa se tornar mais representativa e inclusiva, valorizando a diversidade de corpos, etnias, identidades de gênero e orientações sexuais.

- Responsabilidade social: as marcas de moda devem ter responsabilidade social, evitando campanhas que promovam estereótipos negativos ou exclusão.

- Conexão com o público: a alta moda precisa se conectar com o público contemporâneo, que valoriza a diversidade, a inclusão e a representatividade.

- Novos padrões de beleza: a indústria deve romper com os padrões irreais de beleza e promover a aceitação e o empoderamento de todos os tipos de corpos.

- Campanhas conscientes: as campanhas publicitárias devem ser planejadas com consciência e sensibilidade, evitando imagens que possam ser consideradas ofensivas ou discriminatórias.

Ao adotar essas lições, o mundo da alta moda pode se tornar um espaço mais inclusivo, responsável e conectado com o público, garantindo sua relevância e sustentabilidade no futuro.

"Os influenciadores digitais são líderes de opinião que constroem confiança e conexão autêntica com seu público. Eles têm o poder de inspirar, educar e entreter, tornando-se parceiros valiosos para as marcas que desejam se conectar com seus clientes de maneira significativa."

Gary Vaynerchuk [18]

---

[18] Especialista em marketing digital e um dos primeiros a reconhecer o poder dos influenciadores. Sua visão destaca o valor dos influenciadores como construtores de relacionamento e defensores da marca.

13 CANCELAMENTO NO MUNDO DA MEDICINA.

O cancelamento se tornou um fenômeno cada vez mais presente no mundo da medicina, impactando a reputação de médicos renomados, instituições de saúde e até mesmo práticas médicas tradicionais.

Mais do que simples críticas ou boicotes, o cancelamento na medicina pode ter consequências sérias para a carreira profissional, a credibilidade médica e a confiança dos pacientes.

Para entendermos melhor essa dinâmica complexa, vamos analisar em detalhes três casos emblemáticos:

13.1 DR. ANDREW WAKEFIELD (MÉDICO PEDIATRA): FRAUDE CIENTÍFICA E PERDA DE LICENÇA MÉDICA.

Em 1998, o Dr. Andrew Wakefield, médico pediatra britânico, publicou um estudo na revista The Lancet que sugeria uma ligação entre a vacina tríplice viral e o autismo.

Figura 43 - o Dr. Andrew Wakefield.

O estudo, posteriormente revelado como uma fraude científica, gerou grande comoção social e desconfiança nas vacinas, levando a uma queda na taxa de vacinação e um aumento no número de casos de doenças evitáveis.

13.1.1 CAUSAS DO CANCELAMENTO.

- Fraude científica grave: o estudo do Dr. Wakefield continha dados falsificados e manipulações para sugerir uma relação inexistente entre a vacina e o autismo.

- Danos à saúde pública: a fraude do Dr. Wakefield levou à desconfiança nas vacinas, colocando em risco a saúde pública e a vida de crianças.

- Falta de arrependimento e arrogância: Wakefield inicialmente negou as acusações de fraude e se recusou a pedir desculpas, o que intensificou a repercussão negativa.

13.1.2 CONSEQUÊNCIAS DO CANCELAMENTO.

- Perda da licença médica: Wakefield foi condenado por fraude científica e perdeu sua licença médica, sendo impedido de exercer a medicina no Reino Unido.

- Danos à reputação: a fraude manchou a reputação de Wakefield, que foi considerado um mentiroso e um charlatão pela comunidade médica.

- Impacto no movimento antivacina: o estudo fraudulento de Wakefield deu impulso ao movimento antivacina, que continua a colocar em risco a saúde pública até hoje.

13.2 DR. MEHMET OZ (CARDIOLOGISTA E PERSONALIDADE DA TV): PROMOÇÃO DE PRODUTOS DUVIDOSOS E PERDA DE CREDIBILIDADE.

O Dr. Mehmet Oz, cardiologista americano e personalidade da TV, ficou famoso por seus conselhos médicos na televisão. No entanto, ele foi alvo de críticas por promover produtos duvidosos e fazer afirmações não científicas em seus programas.

A falta de rigor científico e a busca pelo sensacionalismo levaram à perda de credibilidade do Dr. Oz entre a comunidade médica.

13.2.1 CAUSAS DO CANCELAMENTO (PERCEPÇÃO).

- Promoção de produtos duvidosos: Oz promoveu produtos de saúde e suplementos alimentares sem comprovação científica da sua eficácia, o que foi considerado antiético pela comunidade médica.

- Afirmações não científicas: Oz fez diversas afirmações em seus programas que não tinham base científica, o que gerou desconfiança entre os telespectadores e a comunidade médica.

- Conflito de interesses: Oz foi acusado de ter conflitos de interesse ao promover produtos em seus programas, o que levantava dúvidas sobre sua imparcialidade e confiabilidade.

Figura 44 – Dr. Oz.

13.2.2 CONSEQUÊNCIAS DO CANCELAMENTO (PERCEPÇÃO):

- Perda de Credibilidade: as críticas à falta de rigor científico e à promoção de produtos duvidosos levaram à perda de credibilidade do Dr. Oz entre a comunidade médica e o público em geral.

- Fim do Programa de TV: o programa de TV do Dr. Oz foi cancelado após anos no ar, devido à queda na audiência e à perda de credibilidade.

- Mancha na Carreira: as críticas ao Dr. Oz mancharam sua reputação como médico e personalidade da TV, dificultando seu retorno à mídia.

13.3 DRA. ELIZABETH BLACKWELL (PRIMEIRA MULHER A SE FORMAR EM MEDICINA): DIFICULDADES E PRECONCEITO.

Em 1849, a Dra. Elizabeth Blackwell se tornou a primeira mulher a se formar em medicina nos Estados Unidos, enfrentando grande resistência e preconceito por parte da comunidade médica masculina.

Figura 45 - Dra. Elizabeth Blackwell.

Apesar das dificuldades, ela perseverou e se tornou uma médica renomada, abrindo caminho para outras mulheres seguirem a carreira na medicina.

13.3.1 CAUSAS DO CANCELAMENTO (PERCEPÇÃO).

- Preconceito de gênero: a Dra. Blackwell enfrentou forte preconceito por parte dos homens da comunidade médica, que não aceitavam a ideia de uma mulher exercendo a medicina.

- Dificuldades de acesso à educação: a Dra. Blackwell teve que lutar para encontrar uma faculdade de medicina que a aceitasse, enfrentando diversas recusas e discriminação.

- Falta de apoio e reconhecimento: mesmo após se formar, a Dra. Blackwell continuou a enfrentar dificuldades para encontrar emprego e ser reconhecida como médica qualificada.

13.3.2 CONSEQUÊNCIAS DO CANCELAMENTO (PERCEPÇÃO):

- Isolamento social: a Dra. Blackwell enfrentou isolamento social devido ao preconceito e à falta de apoio de seus pares.

- Dificuldades financeiras: a Dra. Blackwell teve dificuldades para se manter financeiramente devido à falta de oportunidades de trabalho.

- Luta por reconhecimento: A Dra. Blackwell teve que lutar por anos para ser reconhecida como médica qualificada e conquistar o respeito da comunidade médica.

13.4 LIÇÕES APRENDIDAS.

Aqui estão algumas lições que o mundo da medicina pode aprender com o cancelamento:

- Base científica e comprovação: a medicina deve se basear em evidências científicas e comprovação da eficácia dos tratamentos utilizados.

- Ética e transparência: a prática médica deve ser ética e transparente, evitando a exploração financeira e a promoção de tratamentos duvidosos.

- Comunicação efetiva: profissionais de medicina devem se comunicar de forma clara e objetiva com os pacientes, esclarecendo as potencialidades e limitações das práticas terapêuticas.

- Busca pela integração: a medicina convencional pode se beneficiar da integração com práticas tradicionais seguras e eficazes, desde que baseadas em evidências.

- Combate à desinformação: médicos e instituições de saúde devem combater a desinformação e o sensacionalismo em relação à saúde, promovendo a informação baseada em evidências científicas.

Ao adotar essas lições, o mundo da medicina pode se fortalecer, garantir a confiança dos pacientes e contribuir para o avanço do conhecimento e o desenvolvimento de tratamentos cada vez mais seguros e eficazes.

"O marketing de influência é uma forma poderosa de alcançar novos públicos e construir relacionamentos autênticos com os consumidores. Quando feito de forma correta, pode ser uma ferramenta altamente eficaz para aumentar o conhecimento da marca, impulsionar o engajamento e gerar vendas."

Lindsay Ellinger [19]

---

[19] Ellinger é uma especialista em marketing de influência com vasta experiência em campanhas bem-sucedidas. Sua citação destaca os benefícios tangíveis do marketing de influência para as empresas.

14 CANCELAMENTO NO MUNDO DO PRÊMIO NOBEL.

Embora o Prêmio Nobel seja considerado um dos mais prestigiados reconhecimentos do mundo, o mundo da premiação não está isento de críticas e casos de cancelamento.

Mais do que simples questionamentos sobre os critérios de seleção ou a relevância dos trabalhos premiados, o cancelamento no contexto do Prêmio Nobel pode ter consequências sérias para a reputação da premiação, a credibilidade dos vencedores e até mesmo a imagem da própria Suécia.

Para entendermos melhor essa dinâmica complexa, vamos analisar em detalhes alguns casos emblemáticos.

14.1 ALFRED NOBEL (CRIADOR DO PRÊMIO NOBEL): CRÍTICAS À INVENÇÃO DA DINAMITE.

Alfred Nobel, químico e industrial sueco, ficou famoso por inventar a dinamite, um explosivo poderoso com diversas aplicações na indústria e na construção civil. No entanto, a dinamite também foi utilizada em guerras e conflitos, causando grande destruição e morte.

Figura 46 – Alfred Bernhard Nobel.

As críticas à invenção de Nobel e à sua fortuna proveniente da indústria de explosivos o levaram a criar o Prêmio Nobel, como forma de reconhecer e incentivar contribuições que beneficiassem a humanidade.

14.1.1 CAUSAS DO CANCELAMENTO (PERCEPÇÃO).

- Invenção da dinamite: a dinamite, apesar de suas aplicações úteis, também foi utilizada para fins bélicos, causando grande sofrimento e morte.

- Fortuna derivada da guerra: a riqueza de Nobel era proveniente da venda de dinamite, o que o associava à indústria da guerra e à violência.

- Falta de reconhecimento por suas outras obras: Nobel era um inventor e empresário de sucesso em diversas áreas, mas sua figura era frequentemente associada apenas à dinamite.

14.1.2 CONSEQUÊNCIAS DO CANCELAMENTO (PERCEPÇÃO):

- Críticas à sua figura: Nobel foi alvo de críticas durante sua vida por sua invenção da dinamite e sua associação à indústria da guerra.

- Dúvidas sobre sua motivação: a criação do Prêmio Nobel foi vista por alguns como uma tentativa de Nobel de limpar sua imagem e legado.

- Mancha em sua reputação: apesar de seus feitos notáveis, a imagem de Nobel ficou marcada pela invenção da dinamite e pelas críticas à sua fortuna.

14.2 DARIO FO (DRAMATURGO ITALIANO): CONTROVÉRSIAS POLÍTICAS E BOICOTE À PREMIAÇÃO.

Em 1997, o dramaturgo italiano Dario Fo foi agraciado com o Prêmio Nobel de Literatura. A premiação gerou grande controvérsia devido às críticas de Fo à Igreja Católica, ao governo italiano e ao capitalismo.

Alguns grupos políticos e religiosos boicotaram a cerimônia de premiação, acusando Fo de ser um extremista de esquerda e de utilizar sua obra para fins políticos.

14.2.1 CAUSAS DO CANCELAMENTO (PERCEPÇÃO).

- Críticas polêmicas: as peças de Fo frequentemente satirizavam o poder, a religião e as desigualdades sociais, gerando controvérsia e ofendendo diversos grupos.

- Afiliações políticas: Fo era um membro ativo do Partido Comunista Italiano e utilizava sua plataforma para promover suas ideias políticas.

- Discurso de aceitação provocativo: no discurso de aceitação do Prêmio Nobel, Fo criticou duramente o governo italiano e a globalização, intensificando as controvérsias.

Figura 47 - Dario Luigi Angelo Fo.

14.2.2 CONSEQUÊNCIAS DO CANCELAMENTO (PERCEPÇÃO).

- Boicote à Premiação: alguns grupos políticos e religiosos boicotaram a cerimônia de premiação, demonstrando sua desaprovação à escolha de Fo.

- Críticas à Academia Sueca: a Academia Sueca foi criticada por premiar um autor com visões políticas tão controversas.

- Debates sobre o Papel do Artista: a premiação de Fo reacendeu debates sobre o papel do artista na sociedade e a liberdade de expressão.

14.3 OLGA TOKARCZUK (ESCRITORA POLONESA): ACUSAÇÕES DE MISOGINIA E BOICOTE À PREMIAÇÃO

Em 2018, a escritora polonesa Olga Tokarczuk foi agraciada com o Prêmio Nobel de Literatura. A premiação gerou críticas e boicote por parte de alguns grupos na Polônia, que acusavam Tokarczuk de ter visões misóginas e de ter feito declarações ofensivas sobre a história polonesa.

Figura 48 - Olga Nawoja Tokarczuk.

14.3.1 CAUSAS DO CANCELAMENTO (PERCEPÇÃO).

- Declarações Polêmicas: Tokarczuk fez algumas declarações em entrevistas que foram interpretadas como misóginas e ofensivas por alguns grupos.

- Críticas ao Governo Polonês: Tokarczuk é crítica ao governo polonês conservador e nacionalista, o que a coloca em rota de colisão com uma parcela da população.

- Divisão na Sociedade Polonesa: a premiação de Tokarczuk acentuou a divisão política e social existente na Polônia.

14.3.2 CONSEQUÊNCIAS DO CANCELAMENTO (PERCEPÇÃO).

- Boicote à premiação: alguns grupos na Polônia boicotaram o Prêmio Nobel em protesto contra a escolha de Tokarczuk.

- Críticas à reputação de Tokarczuk: as acusações de misognia e as críticas ao governo polonês mancharam a imagem de Tokarczuk perante alguns setores da sociedade polonesa.

- Debates sobre a liberdade de expressão: a premiação de Tokarczuk reacendeu debates sobre a liberdade de expressão e os limites da tolerância na sociedade.

14.4 NELSON MANDELA (EX-PRESIDENTE DA ÁFRICA DO SUL): CRÍTICAS AO PASSADO COMO TERRORISTA E BOICOTE À PREMIAÇÃO.

Em 1993, Nelson Mandela, líder do movimento antiapartheid e primeiro presidente negro da África do Sul, foi agraciado com o Prêmio Nobel da Paz junto com Frederik Willem de Klerk, ex-presidente branco do país.

Figura 49 - Nelson Rolihlahla Mandela.

A premiação gerou críticas e boicotes por parte de alguns grupos que contestavam o passado de Mandela como membro de um grupo armado e questionavam a efetividade de sua luta contra o apartheid.

14.4.1 CAUSAS DO CANCELAMENTO (PERCEPÇÃO).

- Passado como guerrilheiro: Mandela foi membro do Umkhonto we Sizwe, braço armado do Congresso Nacional Africano (ANC), que lutou contra o regime do apartheid.

- Ações violentas: o Umkhonto we Sizwe realizou atos de sabotagem e ataques contra o governo do apartheid, o que levou à prisão de Mandela por 27 anos.

- Falta de reconhecimento da Complexidade do Apartheid: alguns críticos argumentavam que a premiação de Mandela ignorava a complexa história do apartheid e a responsabilidade de outros líderes na luta contra o regime.

14.5 CONSEQUÊNCIAS DO CANCELAMENTO (PERCEPÇÃO).

- Boicote à premiação: alguns grupos se recusaram a reconhecer a premiação de Mandela, alegando que ele não era um verdadeiro pacifista.

- Críticas à imagem de Mandela: as críticas ao passado de Mandela como guerrilheiro mancharam sua imagem para alguns setores da sociedade sul-africana e internacional.

- Debates sobre reconciliação e justiça: a premiação de Mandela reacendeu debates sobre a reconciliação entre os diferentes grupos étnicos da África do Sul e a busca por justiça pelas atrocidades cometidas durante o apartheid.

14.6 LIÇÕES APRENDIDAS.

Aqui estão algumas lições que o Prêmio Nobel pode aprender com o cancelamento:

- Transparência nos critérios de seleção: a Academia Sueca deve ser mais transparente nos critérios de seleção dos laureados, explicando suas escolhas e justificando a importância dos trabalhos premiados.

- Pluralidade de vozes e ideias: o Prêmio Nobel deve buscar reconhecer a diversidade de vozes e ideias do mundo todo, evitando premiações que pareçam unilaterais ou politicamente tendenciosas.

- Separação entre obra e artista: o Prêmio Nobel deve reconhecer o mérito do trabalho intelectual, sem necessariamente endossar as visões pessoais e políticas dos laureados.

- Promoção do debate e do diálogo: o cancelamento de um laureado pode servir como ponto de partida para debates construtivos sobre os critérios de seleção e o papel do Prêmio Nobel na sociedade.

Ao adotar essas lições, o Prêmio Nobel pode se fortalecer, manter sua relevância e continuar a ser um símbolo de excelência e reconhecimento do mérito intelectual no mundo todo.

"Os influenciadores digitais podem ajudar as marcas a humanizar suas histórias e se conectar com os consumidores em um nível emocional. Ao compartilhar suas experiências e opiniões autênticas, os influenciadores podem criar um senso de confiança e lealdade que as marcas sozinhas não podem alcançar."

Keith Olbermann[20]

---

[20] Olbermann oferece uma perspectiva de mídia sobre o valor dos influenciadores. Ele destaca a capacidade dos influenciadores de criar conexões emocionais com o público, o que é essencial para o sucesso das marcas.

15 CANCELAMENTO NA PSICANÁLISE: DESVENDANDO CAUSAS E CONSEQUÊNCIAS EM CASOS EMBLEMÁTICOS.

O mundo da psicanálise, outrora visto como um espaço de escuta e acolhimento, não está imune às turbulências do "cancelamento". Nos últimos anos, alguns psicanalistas renomados se viram no centro de polêmicas nas redes sociais e na mídia, enfrentando críticas contundentes e até mesmo o ostracismo profissional.

Mas o que configura o "cancelamento" de um psicanalista e quais as implicações para esses profissionais?

O cancelamento, em sua essência, representa a rejeição pública de uma pessoa ou marca em decorrência de ações ou declarações consideradas ofensivas, antiéticas ou prejudiciais. Nas plataformas digitais, essa rejeição se manifesta através de boicotes, desconfiança e críticas acirradas.

No âmbito da psicanálise, as causas do cancelamento podem ser diversas, mas geralmente estão relacionadas a:

- Comportamentos antiéticos: abusos de poder, assédio sexual, discriminação e violações do sigilo profissional são comportamentos inaceitáveis que podem levar ao cancelamento do psicanalista.

- Declarações públicas controversas: opiniões racistas, sexistas, homofóbicas ou que propagam desinformação científica podem gerar indignação e mobilizar grupos sociais contra o profissional.

- Conflito de interesses: publicidade excessiva, venda de produtos ou serviços durante o atendimento e relações íntimas com pacientes são exemplos de conflitos de interesse que podem comprometer a ética profissional e levar ao cancelamento.

As consequências do cancelamento para um psicanalista podem ser devastadoras:

- Perda de reputação: a imagem do profissional fica manchada, dificultando a captação de novos pacientes e a manutenção daqueles já em atendimento.

- Danos à carreira: o psicanalista pode ser afastado de sociedades profissionais, ter sua licença cassada e enfrentar dificuldades para encontrar novos empregos na área.

- Sofrimento emocional: o cancelamento pode gerar constrangimento, humilhação e até mesmo depressão no profissional.

15.1 JORDAN PETERSON.

Jordan Peterson, psicólogo clínico, professor universitário e autor canadense, se tornou uma figura controversa nos últimos anos. Suas ideias, frequentemente descritas como conservadoras e contrárias ao progressismo, geraram debates acalorados e o colocaram no centro de diversas polêmicas.

Figura 50 - Jordan Peterson.

Em 2018, Peterson foi alvo de um movimento de "cancelamento" que ganhou força nas redes sociais e na mídia. O episódio mais emblemático ocorreu quando ele se recusou a utilizar pronomes neutros de gênero para se referir a um estudante transgênero, o que resultou em sua suspensão do Twitter e em críticas de diversos setores da sociedade.

15.1.1 CAUSAS DO "CANCELAMENTO" DE JORDAN PETERSON.

- Visões conservadoras e críticas ao progressismo: Peterson é conhecido por suas críticas ao feminismo, à identidade de gênero e às políticas de identidade, o que o coloca em oposição a movimentos progressistas. Seus discursos frequentemente são vistos como sexistas, transfóbicos e racistas por seus críticos.

- Comportamento nas redes sociais: Peterson utiliza as redes sociais para propagar suas ideias e debater com seus seguidores. No entanto, seu tom frequentemente combativo e provocativo gera polêmicas e atritos com seus oponentes.

- Acusações de comportamento inadequado: Peterson foi acusado de comportamentos inapropriados por algumas mulheres, incluindo comentários sexistas e assédio. Essas acusações reforçaram a imagem negativa que alguns setores da sociedade possuem do psicólogo.

15.1.2 CONSEQUÊNCIAS DO "CANCELAMENTO" DE JORDAN PETERSON.

- Perda de plataformas e repercussão negativa: Peterson foi suspenso do Twitter e teve suas palestras canceladas em diversas universidades. A repercussão negativa em sua carreira e imagem pública foi significativa.

- Radicalização e fortalecimento da base de apoiadores: o "cancelamento" de Peterson também teve o efeito de radicalizar suas posições e fortalecer sua base de apoiadores. Seus seguidores o veem como uma vítima da censura e do "politicamente correto".

- Aumento da polarização social: o caso de Peterson contribuiu para o aumento da polarização social, com debates cada vez mais acalorados e menos produtivos entre diferentes grupos ideológicos.

15.1.3 ANÁLISE DO "CANCELAMENTO".

- Liberdade de expressão vs. discurso de ódio: o caso de Peterson levanta questões complexas sobre os limites da liberdade de expressão e o que configura discurso de ódio. Até que ponto é aceitável expressar opiniões controversas, mesmo que sejam consideradas ofensivas por alguns grupos?

- Cultura do cancelamento: o "cancelamento" de Peterson também é um reflexo da cultura do "cancelamento" que se tornou prevalente nas redes sociais. Essa prática, que visa silenciar ou punir indivíduos por suas opiniões, pode ter consequências negativas para o debate público e a liberdade de expressão.

- Responsabilidade e impacto das redes sociais: as redes sociais amplificam o alcance das vozes e facilitam a disseminação de informações, mas também podem ser usadas para propagar discursos de ódio e promover o "cancelamento" de indivíduos. É fundamental que os usuários das redes sociais sejam conscientes do impacto de suas palavras e ações.

15.2 LIÇÕES APRENDIDAS.

O caso de Jordan Peterson é um exemplo emblemático das complexas questões que envolvem liberdade de expressão, "cancelamento" e polarização social na era digital.

É importante analisar o caso de forma crítica e ponderada, buscando compreender as diferentes perspectivas e os impactos do "cancelamento" tanto para o indivíduo quanto para a sociedade.

Vale ressaltar que:

- A análise do "cancelamento" de Jordan Peterson é complexa e multifacetada, com diferentes interpretações e visões sobre o caso.

- O cancelamento de psicanalistas demonstra que, mesmo com sua expertise e prestígio, esses profissionais não estão acima da crítica ou da responsabilidade ética.

- É um sinal de que a comunidade psicanalítica está cada vez mais atenta à necessidade de combater comportamentos antiéticos e promover um ambiente seguro e acolhedor para todos.

É fundamental analisar cada caso individualmente, considerando as nuances e os diferentes pontos de vista envolvidos.

"O marketing de influência é mais do que apenas endossos de celebridades. Trata-se de construir relacionamentos genuínos com influenciadores que compartilham os valores e o público da sua marca. Quando feito de forma autêntica, o marketing de influência pode ser uma ferramenta poderosa para impulsionar o crescimento dos negócios."

Scott Guthrie[21]

---

[21] Vice-presidente corporativo de marketing da Microsoft. Guthrie traz a perspectiva de uma grande empresa sobre o marketing de influência. Ele enfatiza a importância da autenticidade e do relacionamento na construção de campanhas eficazes.

16 CANCELADOS NO BIG BROTHER BRASIL.

O Big Brother Brasil, reality show de maior audiência da televisão brasileira, também se tornou palco de um fenômeno que vem ganhando força nos últimos anos: o "cancelamento" de seus participantes.

Através de boicotes nas redes sociais, críticas contundentes e perda de oportunidades profissionais, ex-brothers e sisters se veem diante de duras consequências por comportamentos ou declarações considerados inaceitáveis dentro e fora da casa.

Mas o que configura o "cancelamento" de um participante do BBB e quais as implicações para esses ex-realitys?

O "cancelamento", em sua essência, representa a rejeição pública de um indivíduo em decorrência de ações, comportamentos ou declarações consideradas ofensivas, antiéticas ou prejudiciais.

Nas plataformas digitais, essa rejeição se manifesta através de desinscrições em massa das redes sociais dos ex-participantes, ataques nas redes sociais, perda de seguidores e até mesmo boicotes a produtos e marcas que os associam.

No caso do Big Brother Brasil, as causas do "cancelamento" podem ser diversas, mas geralmente estão relacionadas a:

- Comportamentos antiéticos dentro da casa: atitudes como bullying, discriminação racial, sexual ou de gênero, assédio sexual e violência física ou verbal podem gerar indignação do público e levar ao "cancelamento" do participante.

- Declarações públicas controversas: ex-brothers e sisters que expressam opiniões racistas, sexistas, homofóbicas ou que propagam desinformação científica podem gerar revolta nas redes sociais e mobilizar grupos sociais contra o participante.

- Comportamento incoerente: participantes que apresentam um comportamento na casa que diverge do que demonstram fora do reality, como promessas não cumpridas ou mudanças bruscas de personalidade, podem perder a confiança do público e ser "cancelados".

- Falta de autenticidade: ex-brothers e sisters que parecem estar interpretando um personagem na casa ou que não se conectam com o público de forma genuína podem ser vistos como falsos e perder a admiração dos fãs.

16.1 CONSEQUÊNCIAS.

As consequências do "cancelamento" para um ex-participante do BBB podem ser devastadoras:

- Perda de seguidores e engajamento nas redes sociais: a queda no número de seguidores e a diminuição do engajamento nas redes sociais podem prejudicar a carreira do ex-brother ou sister, dificultando a realização de parcerias com marcas e a conquista de novas oportunidades profissionais.

- Danos à imagem pública: a imagem do ex-participante fica manchada, dificultando a participação em novos programas de televisão, eventos públicos e até mesmo a obtenção de empregos.

- Sofrimento emocional: o "cancelamento" pode gerar constrangimento, humilhação e até mesmo depressão no ex-brother ou sister, impactando sua saúde mental e bem-estar.

- Isolamento da comunidade on-line: o ex-participante pode ser excluído de grupos on-line, comunidades de fãs do bbb e eventos do reality show, prejudicando seu networking e contato com o público.

16.2 EXEMPLOS DE PARTICIPANTES DO BBB CANCELADOS.

16.2.1 ALINE GOTSCHALG (BBB 15).

A ex-sister foi alvo de críticas por suas atitudes racistas e preconceituosas dentro da casa. Após o reality, ela teve dificuldade para se recolocar no mercado de trabalho e sofreu com ataques nas redes sociais.

16.3 KAROL CONKÁ: UM CASO À PARTE.

Karoline dos Santos de Oliveira, mais conhecida como Karol Conká, despontou no cenário musical brasileiro em 2010 com a mixtape "Batida de Coração". Sua estética singular, marcada pelo rap e elementos eletrônicos, rapidamente conquistou o público, rendendo-lhe o prêmio de Artista Revelação no MTV Video Music Awards Brasil em 2011.

Figura 51 - Karol Conká.

Conhecida por sua personalidade forte e autêntica, Karol Conká se consolidou como uma das principais vozes femininas do hip-hop nacional. Hits como "Lambari", "Dois Mil e Onze" e "Divino" consagraram a artista, que emplacou turnês de sucesso e parcerias com nomes de peso da música brasileira, como Marcelo D2, Caetano Veloso e Tim Maia.

16.3.1 BIG BROTHER BRASIL E O FENÔMENO DO CANCELAMENTO.

Em 2021, Karol Conká decidiu participar do reality show Big Brother Brasil, buscando reconectar-se com o público e ampliar sua base de fãs. No entanto, sua trajetória no programa foi marcada por diversos comportamentos controversos, como brigas acaloradas, comentários ácidos e atitudes consideradas arrogantes e manipuladoras.

As ações de Karol Conká dentro da casa geraram grande repercussão nas redes sociais, culminando em um movimento de "cancelamento" da artista. O público repudiou seu comportamento, associando-o a prepotência, falta de empatia e até mesmo bullying.

16.3.2 CONSEQUÊNCIAS E REFLEXÕES.

O "cancelamento" de Karol Conká teve um impacto significativo em sua carreira e vida pessoal. A artista perdeu seguidores nas redes sociais, viu shows serem cancelados e enfrentou ataques on-line e na vida real.

Após sua saída do Big Brother Brasil, Karol Conká se manteve reclusa por alguns meses, buscando lidar com as consequências do "cancelamento" e repensar sua carreira. Em entrevistas posteriores, a artista reconheceu seus erros e pediu desculpas pelas atitudes que teve no programa.

16.3.3 TRAJETÓRIA ATUAL E RESSIGNIFICAÇÃO.

Com o tempo, Karol Conká vem buscando se reerguer e ressignificar sua imagem. A artista lançou novas músicas, voltou a se apresentar em shows e tem se engajado em projetos sociais.

Apesar de ainda enfrentar críticas e carregar o estigma do "cancelamento", Karol Conká demonstra resiliência e força de vontade para retomar seu lugar na música brasileira.

O caso de Karol Conká serve como um lembrete das complexas dinâmicas da cultura do "cancelamento" e da importância do diálogo, da reflexão e do aprendizado com os erros.

16.3.4 Alguns pontos importantes a serem considerados.

- O "cancelamento" de Karol Conká foi um fenômeno multifacetado, com diversas causas e consequências.

- É importante analisar o caso de forma crítica e contextualizada, evitando simplificações e julgamentos maniqueístas.

- O "cancelamento" pode ter efeitos negativos na vida das pessoas, mas também pode ser um instrumento para promover o debate sobre temas relevantes e cobrar mudanças de comportamento.

- É fundamental buscar o diálogo, a empatia e o aprendizado com os erros, tanto para indivíduos quanto para a sociedade como um todo.

A história de Karol Conká ainda está em curso. Cabe a cada um acompanhar sua trajetória e tirar suas próprias conclusões sobre o caso.

> "Os influenciadores digitais estão redefinindo o marketing boca a boca. Ao compartilhar suas experiências com seus seguidores, os influenciadores podem criar um buzz orgânico em torno de produtos e serviços que é muito mais poderoso do que qualquer campanha publicitária tradicional."
>
> Brian Solis[22]

---

[22] Solis é um especialista em mídias sociais e um observador atento da evolução do marketing. Sua citação destaca o poder do marketing de influência como uma forma moderna de boca a boca.

17 A ASCENSÃO E QUEDA SOB A SOMBRA DO CANCELAMENTO: O DILEMA DOS YOUTUBERS ENTRE FAMA, LUCROS E SAÚDE MENTAL

No universo efêmero e implacável das redes sociais, o medo de ser cancelado se tornou um fantasma assombroso para os criadores de conteúdo, especialmente para os Youtubers que, entre a busca incessante por projeção pública e os atrativos financeiros exorbitantes, se veem enredados em uma teia de pressão e estresse que pode levar a consequências devastadoras para sua saúde mental.

A ascensão meteórica de figuras como Winderson Nunes e Wesley Safadão no YouTube exemplifica essa dicotomia: de um lado, a glória e os lucros milionários; do outro, a constante ameaça do "cancelamento", capaz de destruir carreiras e reputações em um piscar de olhos.

17.1 WINDERSON NUNES: O HUMOR QUE VIROU PESADELO.

O comediante Winderson Nunes, conhecido por seus vídeos escrachosos e personagens excêntricos, conquistou milhões de seguidores e se tornou um dos Youtubers mais populares do Brasil. No entanto, o sucesso veio acompanhado de críticas e controvérsias.

Figura 52 – Winderson Nunes.

Seu humor, muitas vezes considerado ofensivo e apelativo, gerou acusações de machismo, homofobia e transfobia. As críticas se intensificaram em 2016, quando um vídeo antigo de Nunes zombando de deficientes físicos resurgiu na internet.

A repercussão foi devastadora. o Youtuber foi alvo de ataques nas redes sociais, perdeu patrocinadores e viu sua imagem manchada.

O episódio o levou a um profundo estado de depressão e questionamentos sobre sua carreira. Em 2018, Nunes anunciou sua aposentadoria do YouTube, buscando refúgio em um tratamento psicológico para lidar com os traumas e as sequelas do "cancelamento".

17.2 WESLEY SAFADÃO: DOS PALCOS PARA O ISOLAMENTO.

O cantor Wesley Safadão, um dos maiores nomes do forró brasileiro, também experimentou o lado cruel do "cancelamento". Em 2017, após um acidente de carro que resultou na morte de um fã, Safadão foi alvo de uma onda de ataques nas redes sociais.

Figura 53 - Wesley Safadão.

Acusado de negligência e falta de empatia, o cantor se viu obrigado a cancelar shows e eventos, o que gerou um impacto significativo em sua carreira e finanças.

O episódio o levou a um quadro de ansiedade e estresse, culminando em um afastamento temporário dos palcos e da vida pública. Safadão precisou de acompanhamento psicológico para lidar com as críticas e a pressão da mídia.

17.3 O LADO OBSCURO DA FAMA: DEPRESSÃO E BURNOUT

Casos como os de Winderson Nunes e Wesley Safadão expõem o lado obscuro da fama na era digital. A busca incessante por likes, visualizações e engajamento nas redes sociais pode levar os Youtubers a extremos, muitas vezes cruzando linhas éticas e morais em busca do sucesso.

A pressão por manter o engajamento e a relevância, sob o constante escrutínio público, gera um ambiente tóxico e sufocante. O medo de ser cancelado se torna um fantasma que assombra os criadores de conteúdo, levando-os a estados de ansiedade, depressão e até mesmo burnout.

É crucial que os Youtubers e influencers estejam cientes dos riscos e das consequências de suas ações nas redes sociais. Priorizar a saúde mental, buscar o equilíbrio entre a vida pessoal e profissional, e cultivar relacionamentos saudáveis com seus seguidores são medidas essenciais para evitar o colapso sob a pressão da fama virtual.

Cabe também ao público refletir sobre o papel que desempenha na cultura do "cancelamento". É importante analisar criticamente os conteúdos consumidos on-line, promover o diálogo construtivo e evitar ataques pessoais e linchamentos virtuais.

A busca por audiência e entretenimento não pode se sobrepor ao respeito e à empatia. As redes sociais podem ser ferramentas poderosas para a comunicação, mas também podem se tornar armas de destruição em massa se utilizadas de forma irresponsável.

O caso dos Youtubers como Winderson Nunes e Wesley Safadão serve como um alerta para os perigos do "cancelamento" e da pressão excessiva por fama e sucesso nas redes sociais.

É preciso encontrar um equilíbrio entre a busca por reconhecimento e a preservação da saúde mental, para que o mundo virtual seja um espaço de criação, entretenimento e respeito, e não um campo minado de ansiedades e sofrimentos.

"O marketing de influência é como dar um megafone para seus clientes mais apaixonados."

Dharmesh Shah [23]

---

[23] Cocriador da Hubspot, uma das principais empresas de marketing do planeta, Shah ajudou a criar o termo Inbound Marketing e a organizar todo o conhecimento necessário para a utilização dessa estratégia.

18 A CULTURA DO CANCELAMENTO: UMA REFLEXÃO A TÍTULO DE CONCLUSÃO SOBRE A ERA DIGITAL E A HUMANIDADE.

Ao chegarmos ao fim desta jornada pela complexa e controversa "cultura do cancelamento", podemos concluir que a era digital, com suas ferramentas de amplificação da voz e da instantaneidade da informação, gerou um terreno fértil para o surgimento desse fenômeno.

18.1 A SOMBRA DO JULGAMENTO IMPLACÁVEL.

Na era digital, a cultura do cancelamento se ergue como um tribunal implacável, onde indivíduos e grupos, amparados pelo anonimato virtual, assumem o papel de juízes, jurados e carrascos. Movidos por crenças, valores ou comportamentos divergentes, esses "juízes" virtuais se sentem empoderados para condenar e excluir aqueles que ousam discordar.

Esse julgamento implacável se desenrola em diversas plataformas online, desde as redes sociais até fóruns de discussão. A velocidade da informação e a facilidade de compartilhamento amplificam a potência do julgamento, transformando-o em um espetáculo público de humilhação e desmoralização.

A pena máxima nesse tribunal virtual é o ostracismo social, o silenciamento da voz dissidente. Indivíduos cancelados são privados de suas plataformas de expressão, perdem seguidores, enfrentam ataques online e podem até sofrer represálias na vida real. A desmoralização pública se torna a ferramenta para silenciar o "outro", para impor uma homogeneidade de pensamento e comportamento.

As consequências do cancelamento podem ser devastadoras para a vida dos indivíduos envolvidos. Perda de reputação, danos à carreira, sofrimento emocional e até mesmo problemas de saúde mental são alguns dos efeitos colaterais desse julgamento implacável.

Diante da cultura do cancelamento, surge a necessidade de buscarmos mecanismos de justiça e proteção para aqueles que são vítimas desse julgamento implacável. Plataformas online precisam implementar medidas para combater o discurso de ódio e a propagação de informações falsas. A sociedade civil precisa se unir para defender a liberdade de expressão e o direito à discordância.

A cultura do cancelamento nos convida a uma profunda reflexão sobre o uso das ferramentas digitais e sobre o papel que cada um de nós assume na construção de um ambiente online mais tolerante, plural e democrático. É crucial que busquemos o diálogo construtivo, o respeito à diversidade e a escuta atenta às diferentes perspectivas, antes de lançarmos mão do julgamento implacável e da condenação virtual.

18.2 FILOSOFIA E PSICANÁLISE: REFLEXÕES SOBRE O HUMANO.

Para compreendermos as raízes da cultura do cancelamento e seus impactos na sociedade, é fundamental mergulharmos nas profundezas do ser humano, buscando nas lentes da filosofia e da psicanálise as ferramentas para desvendar as nuances desse complexo fenômeno.

A filosofia, com sua tradição milenar de reflexão sobre a ética, a moral e a justiça, nos convida a questionar os limites da liberdade de expressão na era digital. Através de pensadores como John Stuart Mill e Hannah Arendt, podemos ponderar sobre o delicado equilíbrio entre a liberdade individual e a responsabilidade social, buscando compreender até que ponto a expressão de ideias divergentes, mesmo que ofensivas ou controversas, deve ser protegida.

John Stuart Mill, em sua obra seminal sobre a liberdade de expressão, "Sobre a Liberdade", defende a importância de proteger até mesmo ideias impopulares ou ofensivas, argumentando que a supressão de tais ideias impede o debate público e o desenvolvimento do conhecimento. Já Hannah Arendt, em "Origens do Totalitarismo", alerta para os perigos da polarização e da demonização do "outro", defendendo a importância do diálogo e do respeito à diversidade para a construção de uma sociedade justa e plural.

A psicanálise, por sua vez, nos oferece ferramentas para compreender as motivações inconscientes que podem impulsionar a cultura do cancelamento. Através da teoria do "inconsciente reprimido" de Sigmund Freud, podemos analisar como desejos, traumas e medos reprimidos podem se manifestar na forma de julgamentos implacáveis e ataques virtuais, servindo como mecanismos de defesa contra a própria angústia e insegurança.

Freud nos ensina que o "inconsciente reprimido" guarda conteúdos inaceitáveis para o consciente, os quais podem se manifestar de forma indireta através da projeção. Na cultura do cancelamento, podemos observar como indivíduos projetam suas próprias frustrações, inseguranças e medos sobre aqueles que discordam deles, utilizando o julgamento implacável como forma de se livrar desses conteúdos incômodos.

Ao combinarmos as lentes da filosofia e da psicanálise, podemos obter uma visão mais completa e profunda da cultura do cancelamento, reconhecendo-a como um fenômeno multifacetado que se origina tanto de fatores sociais e históricos quanto das complexas dinâmicas do psiquismo humano.

Diante da complexa realidade da cultura do cancelamento, torna-se urgente buscarmos soluções que combinem a defesa da liberdade de expressão com o combate ao discurso de ódio e à violência online. É necessário promover o diálogo construtivo, a escuta atenta e o respeito à diversidade, reconhecendo que a discordância não precisa necessariamente implicar em hostilidade e exclusão.

Cada indivíduo tem a responsabilidade de usar as ferramentas digitais de forma consciente e ética, evitando a propagação de informações falsas, o discurso de ódio e o julgamento implacável. É fundamental cultivar a empatia, a escuta ativa e o respeito à diversidade, reconhecendo que a internet pode ser um espaço para o diálogo construtivo e o aprendizado mútuo.

Através da reflexão crítica, da responsabilidade individual e da busca por soluções conjuntas, podemos construir um futuro digital mais plural, tolerante e democrático, onde a liberdade de expressão seja exercida com respeito e responsabilidade, e onde a diversidade de ideias seja celebrada como um potencial para o crescimento individual e coletivo.

18.2.1 NIETZSCHE E A "MORAL DOS SENHORES".

Em sua obra seminal "Genealogia da Moral", Friedrich Nietzsche propõe uma ousada análise crítica dos valores morais, traçando uma distinção fundamental entre a "moral dos senhores" e a "moral dos escravos". Essa dicotomia nos oferece uma lente poderosa para compreendermos as dinâmicas presentes na cultura do cancelamento e as raízes psicológicas dos comportamentos observados na era digital.

A "moral dos senhores", segundo Nietzsche, é caracterizada pela valorização da força, da criatividade, da autoafirmação e da superação de limites. Os "senhores" se definem por sua capacidade de agir de acordo com seus próprios valores e crenças, sem se submeterem às normas e convenções impostas pela sociedade.

Em contraposição, a "moral dos escravos" se baseia em valores como a humildade, a compaixão, a submissão e a negação da individualidade. Os "escravos", de acordo com Nietzsche, criam valores morais que justificam sua fraqueza e sua subordinação aos "senhores".

Na era digital, podemos observar o surgimento de uma espécie de "moral dos senhores digital", onde a agressividade, a intolerância e o julgamento implacável se tornam ferramentas para silenciar aqueles que divergem de crenças, valores ou comportamentos. Essa "moral dos senhores digital", no entanto, apresenta características distorcidas em relação à proposta original de Nietzsche.

Na "moral dos senhores digital", a busca por força e autoafirmação se manifesta de forma distorcida, muitas vezes impulsionada por sentimentos de insegurança, inveja e ressentimento. Indivíduos que se sentem fracos e marginalizados na vida real podem buscar compensação no mundo virtual, utilizando a agressividade e o julgamento implacável para se sentirem superiores e poderosos.

Ao contrário da "moral dos senhores" original, que valorizava a criatividade e a superação de limites, a "moral dos senhores digital" se caracteriza pela rigidez e pela falta de abertura a novas ideias. A "verdade" é definida por um único grupo, que impõe suas crenças e valores aos demais através da intimidação e do cancelamento.

É crucial analisarmos criticamente essa distorção da "moral dos senhores" na era digital, reconhecendo que a verdadeira força e autoafirmação residem na capacidade de dialogar, de ouvir diferentes perspectivas e de construir pontes em vez de muros. A agressividade e o julgamento implacável demonstram, na verdade, fraqueza e insegurança, mascarados por uma falsa sensação de superioridade.

A verdadeira "moral dos senhores", segundo a visão de Nietzsche, não se baseia na dominação e na exclusão, mas sim na criatividade, na superação de limites e no respeito à individualidade. É essa "moral dos senhores" autêntica que devemos buscar cultivar na era digital, utilizando as ferramentas disponíveis para promover o diálogo construtivo, a escuta ativa e a celebração da diversidade.

A cultura do cancelamento, em sua forma distorcida, não representa a verdadeira "moral dos senhores". A força e a autoafirmação residem na criatividade, na superação de limites e no respeito à diversidade. Através do diálogo, da escuta ativa e da busca por soluções conjuntas, podemos construir uma sociedade digital mais justa, inclusiva e plural, onde a "moral dos senhores" se manifeste em sua forma mais autêntica e inspiradora.

18.2.2 FREUD E O "INCONSCIENTE REPRIMIDO".

Sigmund Freud, o pai da psicanálise, revolucionou nossa compreensão da mente humana ao revelar a existência do "inconsciente reprimido". Essa parte obscura da mente guarda desejos, traumas e pensamentos inaceitáveis para o consciente, os quais podem se manifestar de diversas formas, inclusive através da cultura do cancelamento.

O "inconsciente reprimido" busca se manifestar através de mecanismos de defesa, estratégias psicológicas inconscientes que visam proteger o indivíduo da angústia e da ansiedade. A projeção, um dos principais mecanismos de defesa, consiste em atribuir a outras pessoas características, desejos ou pensamentos que o indivíduo reprime em si mesmo.

Na cultura do cancelamento, podemos observar a projeção atuando como um motor fundamental. Indivíduos que se sentem frustrados, inseguros ou ameaçados por suas próprias crenças, valores ou comportamentos podem projetar esses sentimentos negativos sobre aqueles que divergem deles, utilizando o julgamento implacável e o cancelamento como forma de se livrar da angústia e da culpa.

O indivíduo inseguro com sua própria inteligência: Projeta sua insegurança sobre aqueles que demonstram conhecimento ou expertise em áreas que ele desconhece, atacando-os por serem "elitistas" ou "intelectuais pretensiosos".

O indivíduo com crenças religiosas extremistas: Projeta seu próprio fanatismo sobre aqueles que possuem crenças diferentes, condenando-os como "hereges" ou "infieis".

O indivíduo com frustrações em sua vida pessoal: Projeta sua frustração sobre figuras públicas ou celebridades, utilizando o cancelamento para se sentir superior e poderoso.

É crucial analisarmos criticamente a projeção presente na cultura do cancelamento, reconhecendo que o julgamento implacável e o ataque ao "outro" não resolvem os problemas internos do indivíduo. Ao invés disso, perpetuam a angústia e impedem o crescimento pessoal.

Através da autoconsciência, da terapia e do desenvolvimento de mecanismos de defesa saudáveis, podemos aprender a lidar com nossas frustrações, inseguranças e medos de forma construtiva, evitando projetá-los sobre os outros. O diálogo aberto, a escuta ativa e a empatia são ferramentas essenciais para superar a projeção e construir relações mais saudáveis e tolerantes.

18.3 UMA SOCIEDADE DIGITAL MAIS HUMANA: SUPERANDO A CULTURA DO CANCELAMENTO.

Ao analisarmos as nuances da cultura do cancelamento sob a luz da filosofia, da psicanálise e das complexas dinâmicas da era digital, podemos traçar um caminho para a construção de uma sociedade digital mais humana, tolerante e plural.

É fundamental reconhecer que a cultura do cancelamento não se resume a um mero julgamento implacável de indivíduos divergentes. Ela é um fenômeno multifacetado, enraizado em fatores sociais, históricos, psicológicos e tecnológicos.

O diálogo construtivo, baseado na escuta ativa, no respeito à diversidade e na busca por pontos em comum, deve ser o alicerce da comunicação online. É através do diálogo que podemos superar a polarização, construir pontes entre diferentes perspectivas e encontrar soluções conjuntas para os desafios que enfrentamos.

A empatia, a capacidade de se colocar no lugar do outro e compreender seus sentimentos e motivações, é essencial para construirmos uma sociedade digital mais humana. Através da empatia, podemos combater a desumanização do "outro" e reconhecer a complexidade das experiências individuais.

O desenvolvimento do pensamento crítico é crucial para que os indivíduos questionem informações, identifiquem vieses e construam suas próprias opiniões de forma embasada. Através do pensamento crítico, podemos combater a propagação de fake news e discursos de ódio, e promover uma cultura de debate saudável e construtivo.

Cada indivíduo tem a responsabilidade de usar as ferramentas digitais de forma ética e consciente, evitando a propagação de informações falsas, o discurso de ódio e o julgamento implacável. É necessário cultivarmos o respeito à diversidade, a empatia e o diálogo construtivo em nossas interações online.

As plataformas digitais também possuem a responsabilidade de promover um ambiente online mais seguro, inclusivo e tolerante. Isso pode ser feito através da implementação de medidas contra o discurso de ódio, a propagação de fake news e o cyberbullying, além de ferramentas que incentivem o diálogo construtivo e a colaboração.

A educação é fundamental para preparar as novas gerações para os desafios e oportunidades da era digital. É necessário que as escolas promovam o desenvolvimento do pensamento crítico, da empatia, da responsabilidade digital e da cidadania online, preparando os alunos para se tornarem agentes de mudança positiva na sociedade digital.

Ao construirmos uma sociedade digital mais humana, baseada no diálogo construtivo, na escuta ativa, no respeito à diversidade e na responsabilidade individual e coletiva, podemos superar os desafios da cultura do cancelamento e construir um futuro promissor para todos.

18.4 A BUSCA POR UM EQUILÍBRIO.

A cultura do cancelamento nos convida a uma profunda reflexão sobre a complexa relação entre a liberdade de expressão e o respeito à diversidade na era digital. Encontrar um equilíbrio entre esses dois princípios fundamentais é crucial para construirmos uma sociedade digital mais justa, inclusiva e plural.

A liberdade de expressão, consagrada como um direito humano fundamental, é essencial para a democracia e para o livre fluxo de ideias. Ela permite que indivíduos expressem suas crenças, valores e opiniões, mesmo que sejam controversas ou impopulares. Sem a liberdade de expressão, o debate público se torna limitado, a crítica é silenciada e a diversidade de pensamentos é sufocada.

O respeito à diversidade, por sua vez, é um imperativo para a construção de uma sociedade coesa e harmoniosa. Ele reconhece e valoriza as diferenças culturais, étnicas, sociais, religiosas e de opinião, promovendo a inclusão e o combate à discriminação. Uma sociedade que ignora ou reprime a diversidade se torna rígida, intolerante e incapaz de lidar com os desafios de um mundo globalizado.

Na era digital, a busca pelo equilíbrio entre a liberdade de expressão e o respeito à diversidade se torna ainda mais desafiadora. A amplificação das vozes nas plataformas online, a velocidade da informação e a despersonalização da comunicação podem levar à exacerbação de discursos de ódio, à propagação de informações falsas e ao julgamento implacável de indivíduos divergentes.

Apesar dos desafios, encontrar um equilíbrio entre a liberdade de expressão e o respeito à diversidade é possível. Algumas medidas podem ser tomadas:

- Combate ao discurso de ódio e à desinformação: plataformas digitais, governos e sociedade civil devem trabalhar em conjunto para combater o discurso de ódio, a propagação de informações falsas e a manipulação da informação online.

- Promoção da educação midiática: é fundamental promover a educação midiática para que os indivíduos desenvolvam habilidades críticas para analisar informações, identificar vieses e construir suas próprias opiniões de forma embasada.

- Incentivo ao diálogo construtivo: o diálogo construtivo, baseado na escuta ativa, no respeito mútuo e na busca por pontos em comum, deve ser incentivado em todos os espaços online.

- Valorização da diversidade: a diversidade de ideias, crenças e perspectivas deve ser valorizada e celebrada como um elemento enriquecedor da sociedade digital.

- Responsabilidade individual: cada indivíduo tem a responsabilidade de usar as ferramentas digitais de forma ética e consciente, evitando a propagação de conteúdos nocivos e promovendo a cultura do diálogo e do respeito.

A busca por um equilíbrio entre a liberdade de expressão e o respeito à diversidade é um processo em constante evolução que exige adaptação às novas tecnologias, desafios sociais e demandas da sociedade.

Através do diálogo aberto, da reflexão crítica e do compromisso com a construção de uma sociedade digital mais justa e inclusiva, podemos trilhar um caminho promissor em direção a um futuro mais equilibrado e tolerante.

A liberdade de expressão e o respeito à diversidade não são valores antagônicos, mas sim complementares. Encontrar um equilíbrio entre esses princípios é essencial para construirmos uma sociedade digital mais humana, plural e democrática.

Através do diálogo, da responsabilidade individual e da busca por soluções conjuntas, podemos superar os desafios da era digital e construir um futuro em que a liberdade de expressão seja exercida com respeito e a diversidade seja celebrada como um potencial para o crescimento individual e coletivo.

18.5 EVOLUÇÃO OU REGRESSÃO?

A cultura do cancelamento, com sua onda de julgamentos implacáveis e exclusões virtuais, nos convida a uma profunda reflexão sobre o rumo que a humanidade está tomando na era digital. Será que essa forma de interação online representa uma evolução ou um retrocesso em nossa trajetória como seres humanos?

A era digital, inegavelmente, trouxe consigo ferramentas poderosas de comunicação e amplificação da voz. Através da internet e das redes sociais, podemos conectarmos com pessoas de todo o mundo, compartilharmos ideias, debatermos diferentes perspectivas e construirmos pontes entre culturas e experiências diversas.

Essa interconexão global representa um enorme potencial para o aprendizado mútuo, a troca de conhecimentos e a construção de uma sociedade mais plural e tolerante.

No entanto, a cultura do cancelamento surge como uma sombra perturbadora nesse panorama promissor. Ao invés de promover o diálogo construtivo e a troca de ideias, essa prática se caracteriza pelo julgamento implacável, pela exclusão virtual e pela propagação de discursos de ódio.

Essa forma de interação online nos retrocede a um estado primitivo de barbárie, onde a diversidade de pensamentos é sufocada e a empatia dá lugar à hostilidade.

Para compreendermos as raízes da cultura do cancelamento, é necessário analisarmos os complexos fatores psicológicos e sociais que a impulsionam. A insegurança, o medo do "outro", a busca por reconhecimento e a frustração com as próprias crenças e valores podem levar indivíduos a projetar seus sentimentos negativos sobre aqueles que divergem deles, utilizando o julgamento implacável como forma de se proteger e se sentir superiores.

A cultura do cancelamento, portanto, não pode ser vista como um mero produto da era digital, mas sim como um reflexo dos desafios e das crises que a humanidade enfrenta neste momento de transição.

A crescente polarização social, a ascensão do populismo, a disseminação de fake news e o enfraquecimento das instituições democráticas são alguns dos fatores que contribuem para a proliferação dessa prática nociva.

Diante desse cenário complexo, cabe a nós, como seres humanos, buscarmos caminhos para superar a cultura do cancelamento e construirmos uma sociedade digital mais justa, inclusiva e tolerante.

Através da educação, da autorreflexão, do desenvolvimento do pensamento crítico e da prática da empatia, podemos cultivar o diálogo construtivo, o respeito à diversidade e a busca por soluções conjuntas para os desafios que enfrentamos.

A evolução da humanidade na era digital não depende apenas do desenvolvimento tecnológico, mas sim da nossa capacidade de utilizarmos essas ferramentas de forma ética e responsável.

Cada indivíduo tem o poder de escolher como se comportar no mundo online, optando pelo diálogo em vez do julgamento, pela escuta ativa em vez da hostilidade, pela empatia em vez da exclusão.

Ao construirmos uma sociedade digital baseada no respeito mútuo, na valorização da diversidade e na busca pelo conhecimento, podemos superar os retrocessos representados pela cultura do cancelamento e trilhar um caminho promissor em direção a um futuro mais justo, inclusivo e humano. A era digital, com todo o seu potencial, pode ser um instrumento para a nossa evolução como espécie, desde que a utilizemos com sabedoria e responsabilidade.

A escolha entre a evolução e a regressão está em nossas mãos. Podemos optar por perpetuar o julgamento implacável e a exclusão virtual, ou podemos construir pontes, celebrar a diversidade e utilizar as ferramentas da era digital para construir um futuro mais humano e inspirador para todos.

18.6 UM FUTURO INCERTO.

O futuro da sociedade digital se apresenta como um horizonte aberto, repleto de incertezas e possibilidades. As ferramentas tecnológicas que moldam nossa realidade online evoluem a passos largos, abrindo um leque de oportunidades para a conexão, a colaboração e o aprendizado mútuo.

No entanto, a ascensão da cultura do cancelamento, com seus julgamentos implacáveis e exclusões virtuais, lança uma sombra de retrocesso e intolerância sobre esse futuro promissor.

Diante desse cenário complexo, cabe a cada um de nós, como indivíduos conscientes e engajados, assumir a responsabilidade de moldar o futuro da sociedade digital que desejamos.

Através de nossas ações e escolhas cotidianas, podemos contribuir para a construção de um ambiente online mais justo, tolerante e plural, onde o respeito à diversidade, o diálogo construtivo e a cultura do aprendizado mútuo sejam os pilares da comunicação.

O combate à cultura do cancelamento exige um esforço coletivo e multifacetado. É necessário promover a educação midiática para que os indivíduos desenvolvam habilidades críticas para analisar informações, identificar vieses e construir suas próprias opiniões de forma embasada.

As plataformas digitais também têm um papel crucial a desempenhar, implementando medidas que combatam o discurso de ódio, a propagação de fake news e a cyberbullying, além de promoverem ferramentas que incentivem o diálogo construtivo e a colaboração.

A cultura do cancelamento não é a única forma de lidar com comportamentos inaceitáveis ou ideias divergentes. Existem alternativas mais construtivas, como o diálogo aberto, a escuta atenta e a busca por soluções conjuntas. Através do diálogo honesto e do respeito mútuo, podemos compreender diferentes perspectivas, encontrar pontos em comum e construir pontes entre grupos divergentes.

Essa prática, que consiste na rápida e implacável desmoralização e boicote de indivíduos ou marcas em resposta a comportamentos ou declarações consideradas ofensivas ou inaceitáveis, pode ter consequências devastadoras para a reputação e carreira dos profissionais da internet.

Diante desse cenário desafiador, torna-se crucial que os profissionais da internet adotem medidas proativas para se protegerem do cancelamento. Este guia detalhado apresenta as principais estratégias para navegar com segurança na era digital, construindo uma presença online resiliente e autêntica.

1. Consciência Digital: A Base para uma Navegação Segura

O primeiro passo para evitar o cancelamento é desenvolver uma profunda consciência digital. Isso significa estar atento às nuances da cultura online, compreender as regras implícitas e explícitas das diversas plataformas e comunidades virtuais, e reconhecer o impacto potencial de suas ações e palavras no mundo digital.

2. Responsabilidade e Empatia: Pilares de uma Comunicação Autêntica

Profissionais da internet devem agir com responsabilidade em todas as suas interações online. Isso inclui pensar antes de publicar, verificar a veracidade das informações antes de compartilhá-las, e evitar comentários ofensivos, discriminatórios ou que possam ser mal interpretados.

A empatia também é fundamental: colocar-se no lugar do outro e considerar diferentes perspectivas antes de emitir opiniões ou críticas é crucial para construir relacionamentos virtuais saudáveis e evitar conflitos desnecessários.

3. Transparência e Autonomia: Construindo uma Reputação Sólida

Transparência é essencial para conquistar a confiança da comunidade online. Seja autêntico, demonstre seus valores e princípios, e esteja aberto a críticas construtivas. Construa uma reputação sólida baseada em seu conhecimento, expertise e profissionalismo.

4. Diálogo e Escuta Ativa: Abrindo Espaço para o Crescimento

Em caso de críticas ou comentários negativos, não se precipite em se defender. Respire fundo, analise a situação com calma e, se possível, abra um diálogo com a pessoa que o criticou. A escuta ativa e a disposição para aprender com os erros são ferramentas valiosas para o crescimento pessoal e profissional.

5. Gerenciamento de Crises: Lidando com Situações Delicadas

Se você se encontrar em uma situação de crise online, é importante agir com rapidez e inteligência. Mantenha a calma, evite alimentar a negatividade e busque ajuda profissional se necessário. Um plano de gerenciamento de crises bem elaborado pode ser crucial para minimizar o impacto negativo de um evento online adverso.

6. Atualização Constante: Acompanhando as Mudanças do Cenário Digital

O mundo digital está em constante mudança, e é fundamental que os profissionais da internet se mantenham atualizados sobre as últimas tendências, normas e práticas. Participe de cursos, workshops e eventos da área, siga influenciadores relevantes e esteja atento às discussões que moldam o cenário online.

7. Redes de Apoio: Fortalecendo sua Presença Online

Construa e cultive relacionamentos positivos com outros profissionais da internet. Participe de comunidades online, colabore em projetos e busque o apoio de colegas quando necessário. Uma rede de apoio forte pode ser um porto seguro em momentos de dificuldade e uma fonte de valiosos insights para o seu crescimento profissional.

8. Cuidado com a Informação: Verificando Antes de Compartilhar

A proliferação de notícias falsas e desinformação é um problema sério na internet. Antes de compartilhar qualquer informação, verifique sua veracidade em fontes confiáveis e evite propagar conteúdo duvidoso ou que possa causar danos a outros.

9. Respeito à Diversidade: Abraçando a Inclusão

A internet é um espaço diverso, com pessoas de diferentes origens, culturas, crenças e opiniões. Respeite a diversidade e evite comentários discriminatórios ou preconceituosos. Promova a inclusão e a tolerância em suas interações online.

10. Equilíbrio entre Vida Online e Offline: Desconectando para Recarregar

É importante estabelecer limites claros entre a vida online e offline. Faça pausas regulares das redes sociais, dedique tempo a hobbies e atividades que lhe tragam alegria e lembre-se que sua saúde mental e bem-estar são prioridades.

Lembre-se, navegar na era digital com segurança e responsabilidade é uma jornada contínua que exige aprendizado, adaptação e resiliência. Ao seguir estas estratégias e cultivar

Ao abraçarmos esses valores e agirmos com responsabilidade, podemos construir um futuro digital mais promissor, onde a liberdade de expressão seja exercida com respeito, a diversidade seja celebrada como um potencial para o crescimento individual e coletivo, e a tecnologia seja utilizada como ferramenta para o bem social e o desenvolvimento humano.

O futuro da sociedade digital está em nossas mãos. Através da nossa consciência, do nosso engajamento e da nossa busca por um mundo online mais justo e inclusivo, podemos transformar a incerteza em esperança e construir um futuro promissor para todos.

Que este livro sirva como um convite à reflexão crítica, à responsabilidade individual e à construção de uma sociedade digital mais humana e inclusiva.

"A inovação distingue um líder de um seguidor."

Steve Jobs[24]

---

[24] Steve Jobs é uma figura icônica e cofundador da Apple Inc., sendo amplamente reconhecido por sua visão revolucionária e liderança no setor de tecnologia. Sua abordagem inovadora na criação de produtos como o iPhone, iPad e MacBook transformou diversas indústrias e moldou a forma como interagimos com a tecnologia no cotidiano. Jobs é reverenciado não apenas por suas contribuições técnicas, mas também por sua capacidade de impulsionar a inovação e desafiar o status quo, inspirando líderes e empreendedores ao redor do mundo.

19 CONHEÇA O AUTOR

Prof. Marcão - Marcus Vinícius Pinto

Minha trajetória profissional, rica em décadas de experiência em Ciência da Informação, Marketing e Educação, é um reflexo da minha incansável busca por aperfeiçoamento e compreensão aprofundada tanto das áreas tecnológicas quanto do intrincado funcionamento da mente humana.

Minha atuação como consultor, educador e escritor é marcada por uma firme dedicação à eficiência e coerência, valores que considero essenciais em qualquer processo de transmissão de conhecimento.

Vivendo com a ausência do pé esquerdo, encarei tal desafio não como uma limitação, mas como um estímulo constante para superações diárias e valorização da singularidade de cada indivíduo.

Cada obstáculo ultrapassado me permitiu enxergar novos horizontes e, sobretudo, aproveitar as oportunidades para inovar e contribuir de forma significativa para o avanço da ciência da informação.

Atualmente, alcanço um ponto crucial de consolidação em minha carreira profissional me dedicando a escrever, onde os temas em torno da ciência da informação me conduzem a oferecer uma visão perspicaz e abrangente sobre os complexos processos de armazenamento, organização e disseminação de dados.

Meus livros, artigos e videoaulas são ferramentas para desvendar e esclarecer as complexidades da Ciência da Informação em todas as suas formas.

Ao longo dos anos, envolvi-me profundamente em projetos de arquitetura da informação, engenharia de atributos e desenvolvimento de software. Utilizei diversas metodologias para assegurar eficiência e qualidade nas soluções criadas, sempre com um olhar atento para detalhes que permitem o aprimoramento contínuo.

A modelagem de dados, o *Data Warehouse*s e a validação e gerenciamento de modelos estruturais estão entre os pilares do meu trabalho, fundamentando e solidificando os resultados que apresento.

Além das atividades empresariais onde ofereço soluções inovadoras para desafios complexos, dedico-me intensamente à disseminação de conhecimento. Minhas palestras, treinamentos e mentorias empresariais funcionam como canais para ampliar o entendimento e a aplicabilidade das estratégias que desenvolvo.

Paralelamente, meu papel como criador de conteúdo no YouTube me permite alcançar um público marcado pela curiosidade intelectual e ávido por inovação.

A plataforma me oferece a chance de dialogar de maneira dinâmica e interativa, abrindo espaço para debates sobre uma gama vasta de temáticas.

Minha jornada como autor de mais de 100 livros, todos disponibilizados na Amazon, Hotmart e outras plataformas digitais é um testemunho do meu compromisso contínuo com o aprendizado e a educação.

Esses livros são faróis de conhecimento, destinados a um público que busca compreender mais, questionar e avançar em suas próprias áreas de interesse.

Percebo a crescente importância dos cursos e livros on-line como instrumentos poderosos na educação contemporânea.

A inteligência artificial, por exemplo, tem trazido transformações significativas, permitindo que o aprendizado seja personalizado e acessível a um maior número de pessoas.

A substituição da sala de aula presencial por meios digitais é uma tendência que não apenas acompanha os avanços tecnológicos, mas também democratiza o conhecimento.

Minha preocupação em aprimorar o conhecimento das pessoas é incessante. Acredito que os livros e cursos on-line têm o potencial de alcançar corações e mentes de maneira eficaz, oferecendo flexibilidade e permitindo que cada indivíduo absorva a informação no próprio ritmo.

As plataformas digitais são para mim uma extensão natural do desejo de educar e proporcionar insights profundos.

Além do papel de educador e escritor, a dedicação à tecnologia e à eficiência instrutiva é uma constante na minha vida. Desenvolvo conteúdos e ferramentas que permitem às pessoas acessar informações úteis de maneira intuitiva.

A Ciência da Informação não é apenas um campo técnico, mas uma ponte entre a complexidade dos dados e a clareza do entendimento humano.

Portanto, minha missão é clara: estou sempre em busca de novas maneiras de comunicar, educar e inspirar.

Seja por meio de livros, vídeos, ou palestras, estou comprometido com o aprimoramento contínuo e com a construção de um legado de conhecimento duradouro.

A vida pessoal, igualmente significativa, me enche de felicidade e plenitude. Casado com Andréa desde 2008, desfruto de uma união repleta de alegria e companheirismo, que me energiza e me sustenta em todas as minhas empreitadas.

Encontro também na música, especialmente ao piano, uma fonte de paz e inspiração, que complementa minha jornada profissional e pessoal.

Assim, sigo como "um escritor em busca de um leitor", guiado pela paixão de compartilhar conhecimento e impulsionado pela crença de que cada insight compartilhado é uma semente plantada para um futuro mais esclarecido e inovador.

Um abraço do Prof. Marcão!

Um escritor em busca de um leitor.

19.1 COMO CONTATAR O PROF. MARCÃO.

Para palestras, treinamento e mentoria empresarial faça contato no meu perfil no LinkedIn ou pelo e-mail marcao.tecno@gmail.com.

Prof. Marcão – MARCUS VINÍCIUS PINTO

CONSULTORIA | MENTORIA | TREINAMENTO | PALESTRAS

marcao.tecno@gmail.com

https://bit.ly/linkedin_profmarcao

Seja meu seguidor e tenha acesso a conteúdos imperdíveis!

LIVROS E CURSOS → bit.ly/3UMg7E9

MEUS CANAIS NO YOUTUBE:

    Ars Cognitio → bit.ly/arscognitio

    Inteligência Artificial → https://bit.ly/inteligencia-artificial-mvp

INSTAGRAM → bit.ly/3tpZ5kp

NEWSLETTER SEMANAL NO LINKEDIN → bit.ly/3RQTBs4

EMPRESA DE CONSULTORIA E TREINAMENTO →https://mvpconsult.com.br

PERFIL NO LINKEDIN → https://bit.ly/linkedin_profmarcao

PÁGINA DA MINHA EMPRESA NO LINKEDIN → https://bit.ly/4bn3bdA

Facebook

    https://www.facebook.com/marcao.tecno/

    https://www.facebook.com/o.y.da.questao/

X → @prof_marcao_bh

"Em um mundo inundado de informações irrelevantes, clareza é poder."

Yuval Noah Harari[25]

---

[25] Yuval Noah Harari é uma figura influente no campo dos estudos históricos e sociais contemporâneos. Suas obras, incluindo Sapiens: Uma Breve História da Humanidade, Homo Deus: Uma Breve História do Amanhã e 21 Lições para o Século 21, exploram a trajetória e o futuro da humanidade com uma abordagem multidisciplinar e acessível.

20 COLEÇÕES DE LIVROS DO PROF. MARCÃO.

20.1 COLEÇÃO DADOS ABERTOS.

Explore o mundo da abertura de dados governamentais com a série exclusiva de livros do Prof. Marcão, disponíveis agora na Amazon e na Hotmart!

1. Dados Abertos e Transparência Governamental. Este livro é o ponto de partida perfeito para entender os princípios dos dados abertos e sua aplicação na transparência governamental. O Prof. Marcão explora como a arquitetura dos dados abertos é construída e como isso impacta as práticas de transparência dos órgãos públicos.

2. Caderno 1 - Dados Abertos - Definições de Arquitetura. Neste primeiro caderno, o Prof. Marcão mergulha nas definições de arquitetura de dados abertos. Descubra os conceitos essenciais, frameworks e padrões adotados pelos principais projetos de dados abertos ao redor do mundo.

3. Caderno 2 - Dados Abertos - Análise Planos de Dados Abertos. Neste segundo caderno, o Prof. Marcão ensina como analisar planos de dados abertos existentes. Aprenda a identificar elementos essenciais, a avaliar sua efetividade e a sugerir melhorias para aprimorar a abertura e o uso dos dados governamentais.

4. Caderno 3 - Dados Abertos - Elaboração de Plano de Dados Abertos. Descubra como criar um plano de dados abertos eficaz neste terceiro caderno da série. Aqui você encontra orientações práticas sobre como elaborar um plano abrangente e alinhado às necessidades específicas de cada organização.

5. Caderno 4 - Dados Abertos - Planos de Ação. Dê vida ao seu plano de dados abertos com este caderno abrangente. O Prof. Marcão explica como criar e executar planos de ação eficientes, estabelecendo marcos, responsabilidades e prazos para alcançar os objetivos propostos.

6. Caderno 5 - Dados Abertos - *Datasets*. Explore a diversidade de datasets e aprenda a selecionar os mais relevantes para seu Portal de Dados Abertos. O Prof. Marcão apresenta diferentes tipos de dados abertos e oferece

insights sobre como acessar, limpar e analisar os datasets de forma eficiente.

7. Tudo de Dados Abertos. Um guia abrangente que reúne todos os conceitos e práticas relacionados aos dados abertos, oferecendo uma visão completa sobre o tema.

8. Dados Abertos - Todas as Perguntas. Encontre respostas para as dúvidas mais comuns sobre dados abertos nesta obra de referência, que aborda desde questões técnicas até aspectos legais e éticos relacionados à abertura de dados. Este livro é composto por 178 questões que o profissional ligado à abertura de dados governamentais precisa ter clareza. Com respostas que são verdadeiras aulas sobre o tema.

9. Dados Abertos - Glossário. Um recurso essencial que traz definições claras e concisas dos termos e conceitos fundamentais do universo dos dados abertos. O livro abrange 346 conceitos com explicações objetivas e sintéticas para maximizar sua compreensão.

10. Dados Abertos - *OpenQuiz*. Neste livro você tem 409 perguntas de múltipla escolha com respostas ao final do livro para você testar e fixar seus conhecimentos sobre o tema da abertura de dados governamentais.

11. Dados Abertos e Transparência Governamental. Perspectivas, cenários e planejamento. A proposta deste livro é ser um guia prático para capacitar o leitor a participar dos movimentos de abertura de dados governamentais.

12. Guia Rápido de Elaboração de Plano de Dados Abertos. este livro é um guia facilitador para elaboração de Plano de Dados Abertos – PDA – e é um resumo do Caderno 3 que contempla a completude da roteirização da elaboração de um PDA.

A coleção está disponível na Amazon e na Hotmart.

Para quem é esta coleção?

Esta série se destina a profissionais desenvolvedores de aplicações, acadêmicos, pesquisadores, jornalistas, analistas de sistemas, cientistas de dados, ONGs, órgãos públicos e cidadãos em geral que possuam familiaridade com tratamento de dados e que participam ou irão participar em processos de abertura de dados governamentais.

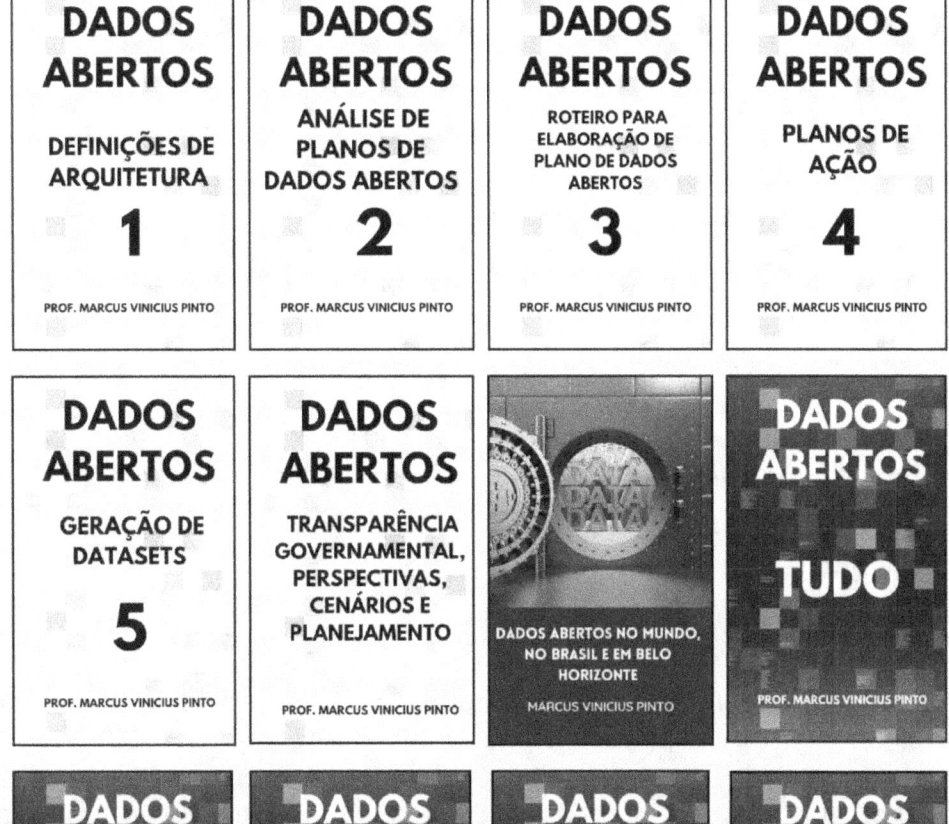

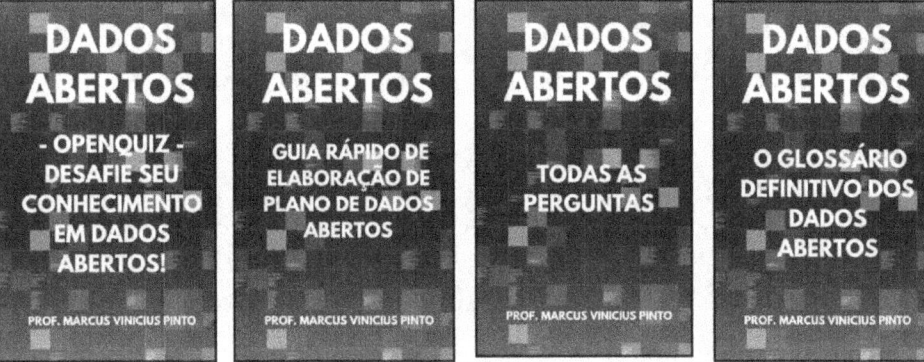

Figura 54 – Coleção Dados Abertos.

20.2 Coleção Governança de Dados.

Em nosso mundo pós-moderno, em que a quantidade de dados flui incessantemente pelos labirintos das tecnologias avançadas, a necessidade de domar essa torrente de bites e bytes e garantir sua qualidade e integridade nunca foi tão vital. Diante desse panorama, emergem desafios que exigem abordagens racionais e diligentes.

É nesse contexto que se insere esta coleção, obras que desvendam as complexidades e intricâncias da administração de dados, dando ênfase à auditoria de modelos de dados, abreviações, históricos, metadados, paradados e governança de dados.

No contexto desta narrativa, mergulhamos profundamente no vasto horizonte temático relacionado à administração de dados. Exploramos as técnicas e práticas que se alinham com a valorização dos dados, compreendendo que estes são o ouro do século XXI.

A despeito de sua aparente imaterialidade, os dados possuem enormes implicações para as organizações, informando suas ações, fundamentando suas decisões e sustentando suas estratégias.

A auditoria de modelos de dados, um pilar crítico nessa jornada, é abordada de forma minuciosa e profunda. Mergulharemos nas ferramentas e métodos que atuam como sentinelas rigorosas, garantindo que as estruturas de dados sejam robustas, coerentes e precisas.

Verdadeiros guardiões da integridade, estes auditores de modelos conferem a confiabilidade vital que sustenta toda a infraestrutura de informação.

Além disso, trazemos à tona as abreviações e seus intrincados significados nesse contexto. Essas simplificações linguísticas, embora encurtem nomes e conceitos, não podem abalar a eficiência e clareza do universo dos dados.

A governança de dados, tema central desta coleção, é a cola que mantém todos os elementos e conceitos abordados unidos em uma sinergia poderosa. A governança eficiente impulsiona a integração de processos e tecnologias, promovendo uma gestão sólida e garantindo a conformidade com normas e regulamentações.

À medida que nos aprofundamos nesse vasto oceano de conhecimento, somos levados a refletir sobre a abrangência da administração de dados em nossas sociedades modernas. A arte de governar dados se manifesta de forma sutil e sofisticada, permeando todos os aspectos de nossas vidas.

A explosão dos avanços tecnológicos e a crescente utilização de IA em diversos setores têm colocado em destaque a relevância dos dados como a matéria-prima essencial para o pleno sucesso destes projetos.

Neste cenário, a correta governança de dados se torna fundamental para garantir a qualidade, segurança.

O autor detalha a importância da qualidade dos dados, segurança, ética, políticas regulatórias, transparência, rastreabilidade e participação na governança dos dados.

Além disso, são abordados temas como administração de dados, capacidade e escalabilidade, treinamento e conscientização, conformidade legal, análise de impacto de dados, gerenciamento de mudanças, responsabilidade no uso de dados em IA, entre outros.

A coleção também destaca a necessidade de estruturar adequadamente as bases de dados para projetos de IA, além de diferenciar a governança de dados da gestão de dados e apresentar ferramentas e tecnologias específicas para a governança de dados.

Aspectos como segurança, privacidade, ética, transparência e conformidade legal são discutidos em detalhes, juntamente com as dificuldades atuais e as perspectivas para o futuro nesse campo em constante evolução.

Com uma abordagem prática e atualizada esta coleção é uma leitura essencial para profissionais que atuam com IA, Data Science, gestão da informação, administração de dados e governança de dados, bem como estudantes e pesquisadores interessados no tema.

Aqui você encontra insights valiosos e estratégias para alcançar o sucesso na implementação de projetos de IA por meio de uma governança de dados eficaz.

A coleção está disponível na Amazon e na Hotmart.

Para quem é esta coleção?

Esta coleção abrangente e especializada destina-se a profissionais e interessados em áreas como Inteligência Artificial, Data Science, Administração de Dados e Governança de Dados, oferecendo um mergulho profundo no universo vital e complexo dos dados no século XXI.

Figura 55 – Coleção Governança de Dados.

20.3 COLEÇÃO INTELIGÊNCIA ARTIFICIAL.

Nos últimos anos, a Inteligência Artificial (IA) tem se estabelecido como uma das áreas mais emocionantes e inovadoras da ciência da computação e da tecnologia.

A capacidade de máquinas e algoritmos aprenderem, raciocinarem e tomarem decisões de forma autônoma está transformando profundamente diversos setores e impulsionando avanços exponenciais em diversas áreas.

Esta coleção vem preencher uma lacuna fundamental ao apresentar ao leitor uma visão abrangente e acessível sobre os principais conceitos, aplicações e desafios enfrentados na era da Inteligência Artificial.

Desde a importância da informação como matéria-prima essencial até a discussão sobre ética, privacidade de dados e o futuro promissor desta tecnologia, cada capítulo aborda de forma clara e detalhada aspectos fundamentais para compreender a IA e seu impacto na sociedade.

Ao acompanhar a evolução histórica da IA, desde seus primórdios até os representantes atuais e os avançados modelos de linguagem de grande escala, o leitor será levado em uma jornada fascinante através dos marcos históricos e das inovações tecnológicas que moldaram o cenário atual da IA.

Os temas abordados, tais como Machine Learning, Processamento de Linguagem Natural, Visão Computacional, Ética e Transparência em Projetos de IA, entre outros, foram cuidadosamente selecionados para fornecer uma visão abrangente e atualizada sobre a IA.

Além disso, a discussão sobre a importância dos dados, a estruturação correta de bases de dados e os desafios éticos e legais enfrentados na implementação de projetos de IA fornecem Insights valiosos para profissionais e pesquisadores da área.

Através de explicações claras, exemplos práticos e uma abordagem didática, esta coleção tem o objetivo de orientar o leitor em meio ao vasto e dinâmico campo da Inteligência Artificial, fornecendo conhecimentos essenciais e perspectivas abrangentes para aqueles que desejam compreender, aplicar e explorar todo o potencial e as possibilidades oferecidas por essa revolucionária tecnologia.

Além disso, as seções dedicadas à segurança e privacidade de dados, ética e compliance legal refletem a importância crescente de abordar essas questões de forma responsável e transparente no desenvolvimento e implementação de sistemas de IA.

A coleção também destaca a relevância da qualidade e confiabilidade dos dados, ressaltando a necessidade de estruturar adequadamente as bases de dados para garantir resultados precisos e confiáveis em projetos de IA. Com casos de estudo detalhados, como o do chat GPT, o leitor terá a oportunidade de explorar na prática como a estruturação e o modelo de dados podem impactar diretamente no desempenho e na segurança de sistemas de IA.

À medida que a Inteligência Artificial continua a desempenhar um papel cada vez mais central em nosso cotidiano, compreender os desafios, implicações éticas e oportunidades associadas a essa tecnologia se torna essencial para todos os envolvidos no seu desenvolvimento, implementação e regulamentação.

A coleção não apenas oferece um mergulho profundo nos conceitos essenciais e nas aplicações práticas da Inteligência Artificial, mas também alimenta reflexões sobre o futuro desta disciplina e seu impacto na sociedade e na humanidade como um todo.

Convido você, caro leitor, a se aventurar nas páginas desta coleção e explorar um universo de conhecimento e descobertas no fascinante mundo da Inteligência Artificial.

Não perca a oportunidade de aprender mais sobre a tecnologia que está mudando o mundo.

A coleção está disponível na Amazon e na Hotmart.

Para quem é esta coleção?

A coleção se destina a profissionais de tecnologia, estudantes, gestores, educadores e interessados em geral que desejam explorar e compreender o universo da inteligência artificial de forma acessível e abrangente.

Figura 56 – Coleção Inteligência Artificial.

20.4 COLEÇÃO BIG DATA.

O Big Data mudou a forma como empresas e profissionais interagem com dados e informações. Neste contexto, a coleção Big Data emerge como um recurso essencial para todos aqueles que desejam dominar esse vasto campo.

Composta por seis obras detalhadas e estrategicamente estruturadas, a coleção promete não apenas esclarecer, mas também capacitar qualquer indivíduo que deseje transformar dados em ações estratégicas.

1. Simplificando o Big Data em 7 Capítulos é um livro que tem como objetivo ser um ponto de partida ideal para novatos e veteranos no campo do Big Data. A promessa de simplificação, dividida sabiamente em sete capítulos, permite ao leitor compreender conceitos complexos de forma clara e direta.

    A organização sistemática dos capítulos garante que a introdução ao Big Data seja feita de maneira gradual e compreensível, desmistificando mitos e quebrando barreiras iniciais.

    É o guia perfeito para entender o que é Big Data, sua importância e suas aplicações práticas.

2. Arquitetura de Big Data é destinado aos que desejam ir além dos conceitos básicos e entender as fundações técnicas. Este livro mergulha nas estruturas necessárias para coleta, armazenamento e processamento de grandes volumes de dados.

    Com exemplos práticos e casos de uso reais, o autor detalha como construir e manter uma infraestrutura robusta e eficiente. Leitores aprenderão sobre diferentes arquiteturas, suas vantagens e desvantagens, permitindo uma tomada de decisão informada sobre qual arquitetura adotar para diferentes necessidades.

3. Implementação de Big Data busca compreender a teoria por trás da arquitetura e seus desafios. "Implementação de Big Data" trata de guiar o leitor através das técnicas e ferramentas necessárias para colocar em prática os conceitos previamente aprendidos.

    Este livro é um manual prático, repleto de instruções passo a passo para a implantação de projetos de Big Data.

Desde a seleção das ferramentas apropriadas até a execução de pipelines de dados, o leitor será equipado para enfrentar desafios reais no mundo da implementação.

4. Gestão de Big Data trata do gerenciamento eficaz do Big Data e vai além da implementação técnica, envolvendo governança, segurança e alocação eficaz de recursos. "Gestão de Big Data" aborda esses aspectos cruciais, proporcionando uma visão estratégica sobre como manter e otimizar operações de Big Data.

    Gerir grandes volumes de dados exige um entendimento profundo sobre hierarquias de dados, conformidade com regulamentações e políticas de segurança.

    Este livro propõe-se a capacitar gestores e líderes na criação de estratégias eficazes para garantir que os dados sejam não apenas bem administrados, mas também utilizados de forma a agregar valor contínuo para a organização.

5. Glossário de Big Data está repleto de terminologia específica e é uma ferramenta indispensável para navegantes desse vasto oceano de informações. Este livro fornece definições claras e concisas para uma ampla gama de termos técnicos e jargões, funcionando como um dicionário prático que pode ser consultado a qualquer momento.

6. 700 Perguntas sobre Big Data tem a função de conduzi-lo para uma prática guiada e oferece um banco de questões exaustivo que cobre uma gama diversificada de tópicos discutidos nos livros anteriores.

    Esta obra é desenhada não apenas para reforçar o conhecimento adquirido, mas também para preparar leitores para cenários reais e exames de certificação.

    As perguntas, acompanhadas de explicações detalhadas, permitem que o leitor revise e teste seu entendimento, identificando áreas que necessitam de mais estudo.

A coleção está disponível na Amazon e na Hotmart.

Para quem é esta coleção?

Esta coleção é destinada a um público diversificado e abrangente, incluindo profissionais de TI e Engenheiros de Dados, Gestores e Líderes de Projeto, Estudantes e Pesquisadores, bem como Empreendedores e Executivos.

Figura 57 – Coleção Big Data.

20.5 COLEÇÃO PROCESSO DE *DATA WAREHOUSE*.

O projeto de um *data warehouse* é uma empreitada de complexidade elevada para qualquer instituição, independentemente de seu porte e de seus orçamentos. Os custos, prazos e diversidades de conhecimentos envolvidos aumentam a pressão por resultados bem-sucedidos e rápidos.

A abordagem está centrada em um modelo de marcos que direciona o processo de desenvolvimento de *data mart*s, enquanto propõe um conjunto de artefatos para a coleta, registro e documentação dos aspectos funcionais, não-funcionais e multidimensionais que integram a solução.

A metodologia PDW – Processo de Data Warehousing, desenvolvida por mim, adotada em diversas instituições de ensino, incorpora as melhores práticas do modelo de Melhoria de Processo de Software Brasileiro - MPS.BR, do processo RUP – Rational Unified Process, da linguagem Unified Modeling Language – UML, do gerenciamento de projetos segundo o PMI – Project Managent Institute, da modelagem dimensional e da clássica modelagem de dados Entidade-Relacionamento – ER.

A metodologia PDW está estruturada em três vertentes principais.

A primeira vertente consiste na revisão da bibliografia relevante e envolveu uma análise abrangente e aprofundada da literatura existente sobre *data warehouse* e serviu de base para formular uma metodologia abrangente que contempla as melhores características e propondo soluções para problemas identificados em cada metodologia existente.

Ao explorar a revisão da bibliografia relevante, os profissionais ganham uma compreensão profunda das melhores práticas e dos conceitos fundamentais que sustentam a construção de *data warehouse*s efetivos. Esse conhecimento teórico é crucial para fundamentar as decisões estratégicas e técnicas ao longo do projeto.

Estão detalhados os conceitos fundamentais e os alicerces que sustentam a metodologia PDW.

O objetivo é proporcionar uma base teórica sólida, identificando as melhores práticas, tendências emergentes e estudos de caso que possam enriquecer e validar a proposta metodológica.

A segunda vertente consiste na apresentação detalhada da metodologia. Esta abordagem oferece uma descrição minuciosa e sistemática da metodologia PDW, delineando cada um dos seus componentes e fases.

A apresentação detalhada da metodologia fornece um roteiro claro e detalhado, abordando desde a concepção e design até a implementação e manutenção contínua.

Cada fase do processo é descrita com precisão, permitindo que os profissionais sigam um caminho estruturado e lógico, aumentando assim as chances de um resultado bem-sucedido.

São abordados aspectos técnicos, estratégicos e operacionais, assegurando que todos os passos necessários para o sucesso do projeto de *data warehouse* sejam contemplados.

A terceira vertente consiste na apresentação dos templates e artefatos auxiliares: para facilitar a implementação da metodologia, uma série de templates e outros artefatos auxiliares são disponibilizados.

Estes recursos padronizados incluem modelos de documentação, checklists, guias de melhores práticas e ferramentas de suporte, que ajudam a garantir consistência, eficiência e qualidade no desenvolvimento dos projetos.

Esses auxiliares atuam como guias práticos que simplificam o processo e contribuem para a mitigação de riscos e a obtenção de resultados mais previsíveis e bem-sucedidos.

Além disso, os templates e artefatos auxiliares oferecidos são ferramentas valiosas que facilitam a padronização e a eficiência do trabalho. Esses recursos ajudam a garantir que todas as etapas sejam cobertas de maneira consistente, reduzindo os riscos e promovendo a qualidade dos resultados.

A coleção está disponível na Amazon e na Hotmart.

Para quem é esta coleção?

A metodologia PDW é especialmente concebida para profissionais de tecnologia da informação e de *business intelligence* que se dedicam a projetos de desenvolvimento de *data mart*s, *data warehouse*s, *data lakes* e *big data*.

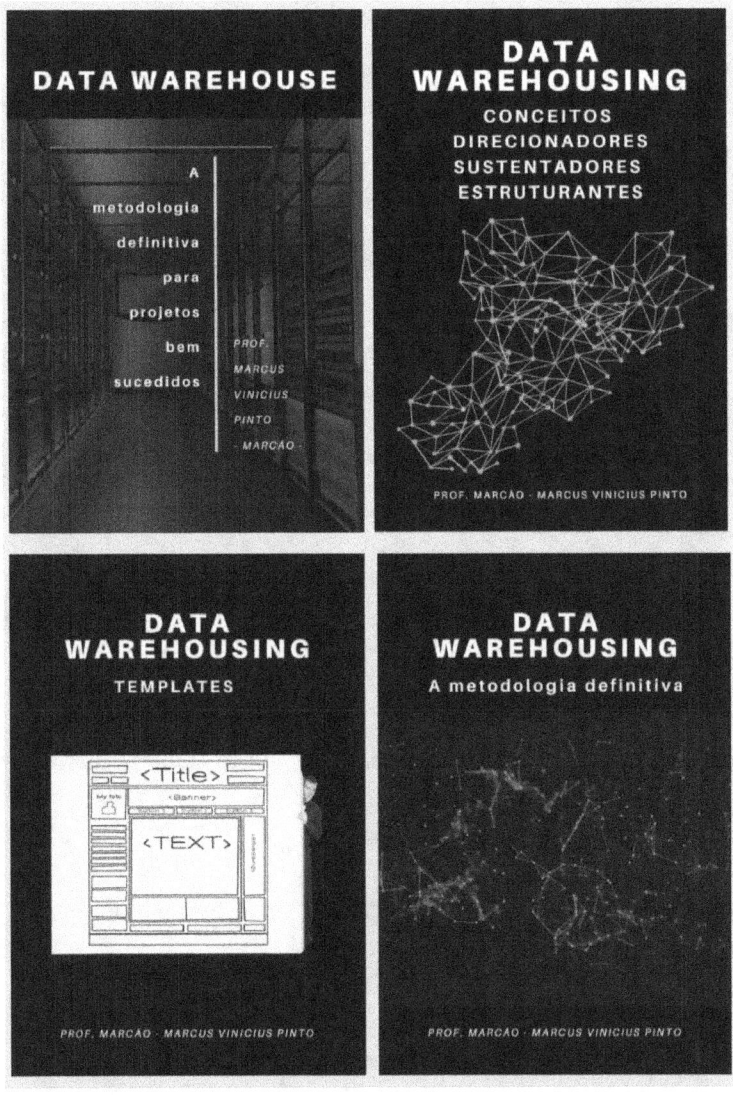

Figura 58 – Coleção Processo de Data Warehousing.

20.6 COLEÇÃO CIÊNCIA DA INFORMAÇÃO.

Explore o universo da ciência da informação com esta coleção especializada!

Seja bem-vindo à coleção de livros que irá expandir seus horizontes para o mundo da ciência da informação, padrões de nomeação e gestão da informação!

Nos dois primeiros livros da coleção, você terá a oportunidade de mergulhar em um universo fascinante que aborda os principais fundamentos para alcançar uma governança eficaz dos dados, garantir a integridade das informações e estabelecer padrões de nomeação consistentes.

Livro 1. Ciência da Informação, Tecnologia e Profissões em Tecnologia: conceitos explicados.

> Descubra os segredos dos especialistas em governança de dados e aprenda a implementar práticas sólidas que garantam a qualidade e confiabilidade dos dados em sua organização.
>
> Aprenda a estruturar e organizar seus dados de forma eficiente, gerenciar metadados vitais e aplicar medidas de segurança robustas para proteger informações sensíveis. Este livro é o ponto de partida ideal para quem deseja se destacar na área da gestão da informação.

Livro 2. Palavras e Abreviaturas: vocabulário controlado para dicionário de dados em projetos de bases de dados e modelagem de dados.

> Mergulhe nos padrões de nomeação de dados, que são a base para uma gestão eficiente da informação.
>
> Descubra como estabelecer uma nomenclatura coerente, consistente e fácil de entender, permitindo que todos na organização tenham uma visão clara sobre como os dados estão estruturados e como localizá-los facilmente.
>
> Além disso, explore a importância da gestão da informação como um recurso estratégico para impulsionar o sucesso do negócio.

Por que adquirir esses livros?

- Conhecimento abrangente: aborda os fundamentos essenciais para a governança de dados e gestão da informação.

- Aplicabilidade prática: orientações práticas e insights valiosos para aprimorar seus conhecimentos.

- Base sólida para o sucesso: construa uma base sólida para o sucesso na governança de dados e gestão da informação.

A coleção está disponível na Amazon e na Hotmart.

Para quem é esta coleção?

Esta coleção especializada em Ciência da Informação, Padrões de Nomeação e Gestão da Informação é destinada a profissionais e estudantes que buscam aprimorar seus conhecimentos e habilidades na área de governança de dados, estruturação de informações e padrões de nomenclatura.

Seja parte da revolução dos dados e embarque nesta jornada enriquecedora rumo ao sucesso na governança de dados e na gestão da informação.

Desafie-se a ampliar seus conhecimentos!

Figura 59 – Coleção Ciência da Informação.

20.7 COLEÇÃO JOAQUIM EMANUEL PINFA.

Na Parte 1 - "Piadas do cotidiano", você vai se identificar com aquelas situações hilárias que acontecem no dia a dia de cada um de nós. Prepare-se para dar boas gargalhadas com histórias que poderiam muito bem ter saído da sua própria vida.

Já na Parte 2 - "Piadas temáticas", o riso é garantido com as situações mais absurdas e engraçadas sobre temas variados, desde profissões, passando por meios de transporte e tecnologia, cada página reserva uma surpresa diferente para arrancar risadas até dos mais sisudos!

Em seguida, na Parte 3 - "Inacreditáveis e Invenções", prepare-se para se surpreender com as piadas mais inusitadas e criativas que você já viu. Com histórias que desafiam a lógica e a realidade, você vai se pegar se perguntando: "Isso é sério mesmo?" Mas, no final das contas, o que importa é rir sem moderação!

E para fechar com chave de ouro, a Parte 4 - "Pequeno Dicionário Luso-Lusitano" vai te levar para uma viagem divertida pelas palavras e expressões mais características da nossa língua. Com definições irreverentes e brincadeiras linguísticas, você vai se divertir e aprender de uma forma leve e descontraída.

Se você deseja curar todas as suas preocupações, dissolver o estresse do dia a dia e encontrar a felicidade em forma de palavras e risos, então o livro "Gargalhaire ié o melhor med'camento" é a chave para abrir as portas do bom humor e da descontração em sua vida!

Deixe-se envolver pelas histórias hilárias, piadas contadas com maestria e surpresas que vão fazer você gargalhar como nunca. Afinal, rir é contagioso e funciona como terapia para mente e para o espírito.

Se você quer esquecer as preocupações, aliviar o estresse e encontrar felicidade através de palavras e risadas, então esta coleção é a sua dose de bom humor e descontração!

A coleção está disponível na Amazon e na Hotmart.

E tenha certeza de que Gargalhaire ié o melhor med'camento.

Figura 60 – Coleção Joaquim Emanuel Pinfa.

20.8 COLEÇÃO VOCÊ EMPREENDEDOR.

Bem-vindo à série de livros que irá transformar sua mentalidade e impulsionar seu potencial empreendedor!

Nesta coleção abrangente, mergulhe em um universo de conhecimento que aborda os principais pilares para alcançar o sucesso: empreendedorismo, como se tornar um milionário na internet, motivação e resiliência.

Liberte seu potencial empreendedor e embarque nesta jornada rumo ao sucesso absoluto! Adquira agora a série completa e permita-se explorar as oportunidades ilimitadas que aguardam por você.

A coleção é composta por 5 livros:

A VERDADEIRA ATITUDE EMPREENDEDORA. Este livro foi cuidadosamente elaborado com o objetivo de oferecer ao leitor um vasto e rico conhecimento sobre o mundo empreendedor, com foco em estratégias, desafios e oportunidades para alcançar o tão almejado sucesso nos negócios.

OS TRÊS MOSQUETEIROS: A VISÃO APLICADA ÀS EMPRESAS. Esta obra, escrita em coautoria com meu grande amigo e escritor Luiz Roberto Fava, visa fornecer insights valiosos e práticos para aprimorar a atuação dos colaboradores em defesa dos interesses e da reputação da empresa. Neste livro, apresentamos estratégias e ferramentas essenciais para fortalecer a equipe, promover a integração e desenvolver habilidades de comunicação e resolução de conflitos inspirados no famoso brado "um por todos e todos por um".

CAPITAL HUMANO NO TRABALHO: O VALOR DA EXPERIÊNCIA. Destinado a todos os profissionais que buscam mais do que simples títulos e conteúdos superficiais. Se você deseja compreender como valorizar a experiência no mundo corporativo e empresarial, este livro é para você. Este livro nasceu da experiência do autor como empresário com o objetivo de atender a diferentes públicos que buscam mais do que um título e conteúdos sobre o valor da experiência como balizador da empregabilidade e da trabalhabilidade do profissional e da sua capacidade como empreendedor e intraempreendedor.

SEJA UM MILIONÁRIO NA INTERNET: CONHEÇA E PONHA EM PRÁTICA AS MELHORES FORMAS DE GANHAR DINHEIRO ON-LINE. Este livro é um compêndio de conhecimento essencial para aqueles que desejam prosperar na era da informação.

Ao mergulhar nas páginas a seguir, você será apresentado a uma variedade de formas de rentabilizar seu tempo e talento na internet, seja criando produtos digitais, prestando serviços especializados ou explorando nichos de mercado promissores.

EMPREENDEDORES + EMPREENDEDORISMO = SUCESSO.: TUDO QUE VOCÊ PRECISA SABER PARA TER SUCESSO NO MUNDO EMPRESARIAL. Começar um negócio não é fácil. Crescer é ainda mais difícil. Você pode sentir que não está pronto para ter um negócio, mas se você chegou até aqui, você está.

Tudo começa com uma ideia, com a qual você está conectado e apaixonado. Se você conseguir transformar essa ideia em algo que resolva problemas do mundo real, estará no caminho certo para se tornar um empreendedor de sucesso.

A coleção está disponível na Amazon e na Hotmart.

Para quem é esta coleção?

Esta coleção é uma fonte abrangente de informações e orientações valiosas para aqueles que desejam empreender, inovar e alcançar o sucesso nos negócios.

Esteja preparado para absorver conhecimentos essenciais e inspiradores que certamente impulsionarão sua jornada empreendedora. Boa leitura e que o seu caminho empreendedor seja repleto de conquistas e realização.

Aventure-se na transformação pessoal e comece a construir seu legado hoje mesmo!

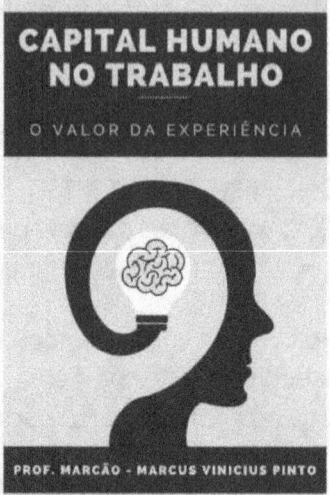

Figura 61 – Coleção Você Empreendedor.

20.9 COLEÇÃO VOCÊ MELHOR.

Descubra sua Melhor Versão com a Coleção "Você Melhor"!

Composta pelos livros "Talentabilidade: Descubra e Desenvolva Seus Talentos Únicos", "A Mente em Constante Fase Beta: Potencialize seu Poder Mental", "Capacitação, Excelência e Sentido Profissional na Era da Inovação", "O Tempo nos Torna Inimigos" e "Mergulhe nas Soft Skills: Desenvolva Habilidades Essenciais para o Sucesso", cada obra foi cuidadosamente projetada para ajudá-lo a alcançar o seu máximo potencial.

Os livros também abrangem conceitos inovadores que enfatizam a importância de aprimorar suas habilidades e explorar talentos ocultos.

Você aprenderá a identificar suas aptidões únicas e encontrar maneiras de monetizá-las. Desafie-se a sair da zona de conforto e explore seu potencial máximo para alcançar o sucesso em qualquer campo que escolher.

E, é claro, não poderíamos deixar de lado a auto capacitação, uma jornada introspectiva rumo ao autodesenvolvimento. Explore técnicas comprovadas para melhorar sua inteligência emocional, autoconfiança e habilidades de tomada de decisão.

Descubra como superar a autossabotagem e adotar uma mentalidade de crescimento que o ajudará a conquistar seus objetivos mais ambiciosos.

TALENTABILIDADE: DESCUBRA E DESENVOLVA SEUS TALENTOS ÚNICOS.

> Neste livro, escrito em coautoria com meu grande amigo e escritor Luiz Roberto Fava, você será guiado a explorar e identificar seus talentos inatos, aprendendo a desenvolvê-los e aplicá-los de maneira eficaz em sua vida pessoal e profissional.
>
> Descubra como potencializar suas habilidades naturais para se destacar em sua área de atuação e alcançar o sucesso de forma autêntica e motivadora.

A MENTE EM CONSTANTE FASE BETA: POTENCIALIZE SEU PODER MENTAL.

> A mente é uma ferramenta poderosa, e neste livro, também escrito em coautoria com meu grande amigo e escritor Luiz Roberto Fava, você descobrirá como explorar todo o seu potencial. Aprenda estratégias para desenvolver e

fortalecer sua mente, potencializando sua capacidade de concentração, criatividade e resiliência.

Prepare-se para alcançar seus objetivos de forma mais assertiva e realizar conquistas significativas.

CAPACITAÇÃO, EXCELÊNCIA E SENTIDO PROFISSIONAL NA ERA DA INOVAÇÃO.

Com a rápida evolução do mercado de trabalho, é essencial se manter atualizado e sempre em busca de excelência profissional.

Neste livro, você encontrará insights valiosos sobre como se capacitar continuamente, manter a excelência em suas atividades e encontrar sentido e propósito em sua carreira, mesmo em meio a um cenário de constante inovação.

MERGULHE NAS SOFT SKILLS: DESENVOLVA HABILIDADES ESSENCIAIS PARA O SUCESSO.

As soft skills, ou habilidades interpessoais, são fundamentais para o sucesso em qualquer área profissional. Em "Mergulhe nas Soft Skills", você será conduzido a aprimorar habilidades como comunicação eficaz, trabalho em equipe, pensamento crítico, empatia e resolução de problemas.

Essas habilidades são essenciais para construir relacionamentos sólidos, resolver conflitos de forma construtiva e alcançar seus objetivos de maneira colaborativa.

O TEMPO NOS TORNA INIMIGOS.

> Este livro oferece um olhar fascinante sobre as várias maneiras pelas quais o tempo e as relações estão entrelaçadas. O autor aborda a incômoda questão – "É possível viver em uma relação em que o tempo já transformou os participantes em inimigos?"
>
> Com capítulos abrangentes que se aprofundam em tudo, desde os tipos de inimigos – desde o inimigo gerado pelo rompimento de um relacionamento, ao inimigo cuja amizade foi traída, passando por personagens como o "inimigo virtual" – até o impacto do tempo na deterioração dos relacionamentos e nas máscaras sociais que erguemos, este livro desafiará a maneira como você percebe suas próprias experiências e relacionamentos.

Cada livro da coleção "Você Melhor" oferece um mergulho profundo em aspectos essenciais para seu crescimento pessoal e profissional. Seja elevando seus talentos naturais, fortalecendo sua mente, encontrando significado em sua carreira ou aprimorando suas habilidades interpessoais, esses livros são um guia abrangente e inspirador para ajudá-lo a alcançar seu potencial máximo.

Esta coleção está disponível na Hotmart e na Udemy.

Para quem é esta coleção?

A coleção "Você Melhor" é indicada para qualquer pessoa que esteja em busca de autoaperfeiçoamento, crescimento pessoal e profissional. Desde estudantes em início de carreira até profissionais experientes que desejam aprimorar suas habilidades e alcançar novos patamares de sucesso, essa coleção oferece insights valiosos, orientações práticas e ferramentas essenciais para aqueles que desejam se tornar a melhor versão de si mesmos.

Se você busca desenvolver suas habilidades, potencializar sua mente, encontrar significado em sua carreira e aprimorar suas habilidades interpessoais, a coleção "Você Melhor" é o guia ideal para impulsionar sua jornada de autodescoberta e crescimento pessoal.

A coleção está disponível na Amazon e na Hotmart.

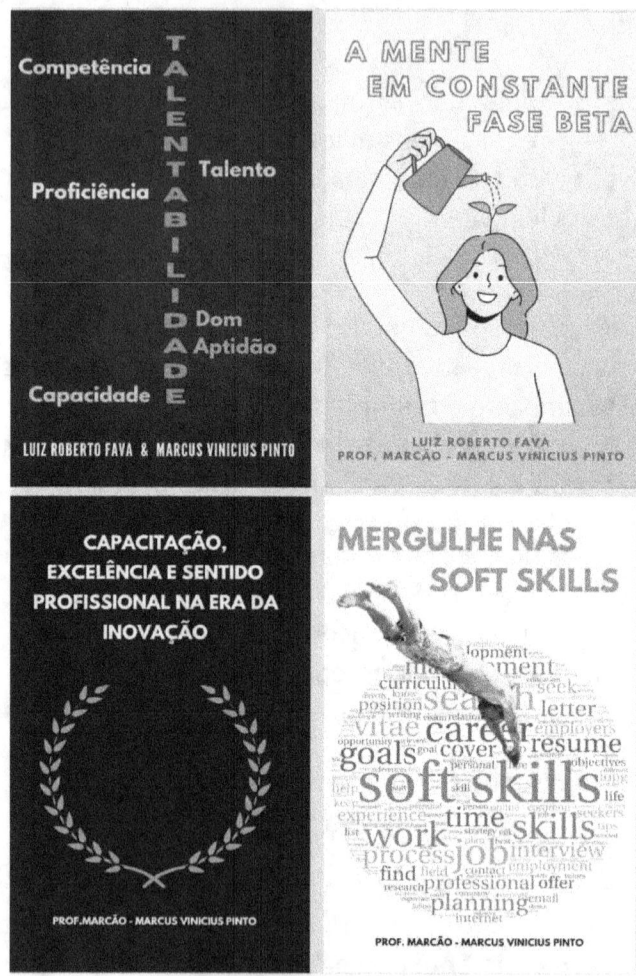

Figura 62 – Coleção Você Melhor.

20.10 CURSO EM VIDEOAULAS + EBOOK GRATUITO. COMO SER UM PROFISSIONAL NA INTERNET.

No curso "Como ser um profissional na internet", elaborado com base em minha experiência, você terá acesso a um conteúdo abrangente e inspirador para aqueles que desejam se tornar empreendedores digitais de sucesso.

Este curso foi especialmente desenvolvido para quem almeja ser seu próprio chefe, trabalhando de casa e buscando autonomia financeira, sem a necessidade de grandes investimentos iniciais.

No decorrer do curso, você explorará as 19 principais formas de ganhar dinheiro como profissional on-line, podendo identificar aquelas que mais se adequam ao seu perfil e objetivos.

Independentemente de sua condição atual, as alternativas apresentadas foram selecionadas por sua acessibilidade e potencial de sucesso para a maioria das pessoas. Todas as oportunidades abordadas são legítimas e éticas, garantindo que você possa construir uma carreira sólida e honesta na web, sem cair em esquemas fraudulentos.

Além das opções tradicionais de trabalho on-line, o curso também aborda as novas profissões emergentes e apresenta 7 estratégias de planejamento fundamentais para o sucesso nesse ambiente digital em constante evolução.

Com o conhecimento adquirido neste curso e seu comprometimento em trabalhar com foco e dedicação, você estará preparado para navegar no universo on-line com confiança e alcançar seus objetivos profissionais de forma consistente.

Neste curso eu trago para você 51 aulas distribuídas em 11 módulos.

São 51 videoaulas que totalizam mais de 2 horas de aulas, 113 arquivos adicionais para você fazer download e 16 livros indicados.

Tudo para enriquecer esta sua busca daquilo que fará de você um profissional bem-sucedido na Internet.

Este curso é indicado para indivíduos de todas as idades, desde jovens em busca de seu primeiro emprego até profissionais em transição de carreira ou aposentados que desejam explorar novas oportunidades na internet.

Através das estratégias e orientações detalhadas disponíveis, você terá a chance de alcançar o sucesso profissional, desfrutando da flexibilidade de horários, baixos custos de manutenção do negócio e a possibilidade de se conectar com pessoas de todo o mundo, criando uma rotina de trabalho estimulante e valiosa.

Ao adquirir os conhecimentos oferecidos neste curso, você se capacitará para ingressar em uma jornada de transformação e crescimento profissional através da internet, aproveitando as inúmeras oportunidades que ela proporciona.

O e-book "Como ser um profissional na internet" serve como um guia detalhado para aqueles que desejam compreender e explorar as diversas possibilidades de ganhar dinheiro on-line de maneira ética e sustentável.

Com uma abordagem prática e fundamentada, você será orientado a construir sua carreira digital de forma estruturada, enfatizando a importância do trabalho focado e consistente para alcançar os resultados desejados.

Este curso está disponível na Hotmart e na Udemy.

Para quem é esta coleção?

Portanto, se você busca flexibilidade, autonomia financeira e a oportunidade de criar uma carreira alinhada com seu estilo de vida, este curso é ideal para você. Independentemente da idade ou experiência profissional, o curso "Como ser um profissional na internet" oferece as ferramentas e estratégias necessárias para você transformar seu futuro e se destacar no vasto mundo digital.

Aprenda como ganhar dinheiro na internet de maneira honesta e eficaz, e inicie sua jornada rumo ao sucesso profissional on-line hoje mesmo!

Figura 63 – Curso Como ser um Profissional na Internet.

20.11 CURSO EM VIDEOAULAS. GARANTA-SE NO MERCADO DE TRABALHO ATUAL E FUTURO.

O curso "Garanta-se no mercado de trabalho atual e futuro" é uma formação abrangente e essencial para quem deseja se destacar e se manter competitivo no dinâmico cenário profissional contemporâneo.

Ele aborda detalhadamente diversas habilidades e conhecimentos críticos para assegurar a empregabilidade diante das transformações provocadas pela tecnologia e pela inteligência artificial.

Conteúdo do Curso:

- Habilidades necessárias no mercado de trabalho do futuro: explora quais competências serão altamente valorizadas em um ambiente de trabalho cada vez mais automatizado e tecnológico.

- Inteligência artificial e tecnologia da informação: analisa como a IA está moldando o mercado de trabalho, influenciando desde a criação de novas profissões até a extinção de funções tradicionais.

- O futuro do mercado de trabalho: fornece uma visão abrangente sobre as previsões e tendências para o futuro do trabalho.

- Trabalho em home office: discute as vantagens, desafios e melhores práticas para trabalhar remotamente, uma tendência que cresceu exponencialmente nos últimos anos.

- O conceito de informação: aborda a evolução e a importância da informação no contexto atual, destacando como ela é gerada, compartilhada e utilizada.

- O que acontece em um minuto na internet: ilustra o massivo volume de dados e atividades que ocorrem on-line a cada 60 segundos, destacando a importância da agilidade e da adaptabilidade.

- Profissões em desaparecimento e emergência: examina quais carreiras estão em declínio e quais estão surgindo, oferecendo uma orientação valiosa para escolhas de carreira.

- Características humanas que garantem empregos no futuro: identifica quais atributos humanos, como criatividade e empatia, continuarão a ser demandados independentemente dos avanços tecnológicos.

- Habilidades para garantir sua empregabilidade futura: enfatiza o desenvolvimento de competências específicas que aumentarão suas chances de ser contratado, incluindo gestão de tempo, comunicação eficaz e pensamento crítico.

Infraestrutura Educacional:

- Videoaulas: o curso é composto por 32 videoaulas detalhadas que fornecem uma visão profunda de cada tópico.

- Testes: são oferecidos 4 testes para avaliar e reforçar o conhecimento adquirido ao longo do curso.

Público-Alvo:

- Profissionais em busca de aprimoramento: ideal para qualquer pessoa, com ou sem experiência, que deseje adquirir habilidades valiosas para se manter relevante e competitiva no mercado de trabalho atual e futuro.

- Profissionais em transição de carreira: indicado para aqueles que estão buscando se reinventar profissionalmente, seja em busca do primeiro emprego, de recolocação no mercado ou de oportunidades em áreas relacionadas à tecnologia da informação.

Ao completar o curso, os alunos estarão aptos a aprimorar seus currículos, aumentar sua empregabilidade e se destacar diante dos recrutadores das melhores empresas. Com as habilidades adquiridas, eles estarão mais preparados para enfrentar os desafios e aproveitar as oportunidades do mercado de trabalho em constante evolução.

Este curso está disponível na Hotmart e na Udemy.

Não perca a oportunidade de investir em seu futuro profissional e garantir sua posição no mercado de trabalho do presente e do futuro. Matricule-se agora e esteja um passo à frente na busca por uma carreira de sucesso e impacto.

Figura 64 - Garanta-se no Mercado de Trabalho Atual e Futuro.

21 BIBLIOGRAFIA.

A extensa bibliografia a seguir, que inserimos em neste livro, apesar do conteúdo aparentemente mais conciso, foram cuidadosamente selecionadas e utilizadas em meu estudo para elaborar o curso que está diante de você, contribuindo significativamente para a fundamentação teórica e embasamento prático das informações apresentadas.

Entendo a importância de respaldar a abordagem com fontes confiáveis e relevantes, e é por isso que incluí essa vasta lista de referências, que abrange uma variedade de obras, estudos acadêmicos, artigos especializados e pesquisas relevantes no campo de estudo abordado.

As referências bibliográficas estão à disposição dos leitores que desejarem aprofundar seus estudos, realizar pesquisas adicionais e aprimorar seu conhecimento sobre os temas tratados.

Essas fontes podem servir como ponto de partida para investigações mais aprofundadas, análises críticas e reflexões pessoais, enriquecendo ainda mais sua jornada de aprendizado e crescimento.

Minha intenção ao disponibilizar essa bibliografia é fornecer a você recursos valiosos e confiáveis, que contribuam não apenas para a compreensão do conteúdo apresentado, mas também para estimular uma abordagem crítica e reflexiva em relação aos temas discutidos.

Acredito que o acesso a essas fontes de informação é essencial para promover um aprendizado significativo e estimulante, permitindo que você amplie seus horizontes e aprofunde seu conhecimento de forma autônoma e enriquecedora.

Fique à vontade para explorar a bibliografia disponibilizada e mergulhar ainda mais fundo nos assuntos abordados.

Estou certo de que essas fontes serão de grande utilidade para enriquecer sua compreensão e expandir seus conhecimentos sobre o tema em questão.

21.1 REFERÊNCIAS BIBLIOGRÁFICAS.

ALMEIDA, Júlia (2019). Marketing de Conteúdo para Profissionais da Internet. Rio de Janeiro: Elsevier.

ALONSO, Cristina (2021). Influencers y marketing digital: estrategias para el éxito profesional. México DF: Trillas.

ANDERSON, Chris (2009). Free: The Future of a Radical Price. New York: Hyperion.

ANDRADE, Felipe (2018). Negócios digitais: como transformar seu trabalho utilizando a internet. Rio de Janeiro: Alta Books.

ANDREWS, Deborah (2016). Social Media, Digital Humanities, and the Future of Scholarship. New York: Palgrave Macmillan.

ARAÚJO, Carolina (2017). Design de carreira para profissionais da internet. Belo Horizonte: Editora UFMG.

BAKSHI, Hasan (2013). Creative Economy Report 2013: Widening Local Development Pathways. United Nations Development Programme.

BAPTISTA, Maria do Rosário (2019). Teletrabalho: um estudo sobre a profissão na era digital. São Paulo: Atlas.

BARRETO, Letícia (2018). Carreira e internet: possibilidades e desafios. Belo Horizonte: Autêntica.

BROWN, John Seely (2017). Design Unbound: Designing for Emergence in a White Water World. Cambridge: MIT Press.

CABRERA, Lorena (2019). La transformación digital y su impacto en las carreras. Bogotá: ECOE Ediciones.

CAMPOS, Renato (2020). Trabalho remoto e a transformação das relações profissionais. Curitiba: Appris.

CANO, María (2017). Trabajo y tecnología: la evolución del empleo en la era digital. Bogotá: Alfaomega.

CARVALHO, Ana Martins (2020). Profissões do futuro: os desafios da era digital. Rio de Janeiro: Nova Fronteira.

CASTELLS, Manuel (2010). The Rise of the Network Society: The Information Age: Economy, Society, and Culture. Oxford: Wiley-Blackwell.

COSTA, Renata (2019). Trabalhadores digitais: novos paradigmas e demandas. Salvador: EDUFBA.

CYRULNIK, B. (2004). Os imperativos da resiliência: elementos para uma sociologia da adaptação. Porto Alegre: Artmed.

DAVIDSON, Cathy N. (2011). Now You See It: How the Brain Science of Attention Will Transform the Way We Live, Work, and Learn. New York: Viking.

DOWNES, Larry (2014). Big Bang Disruption: Strategy in the Age of Devastating Innovation. New York: Portfolio.

DUARTE, João (2018). Economia digital e novas formas de trabalho. Porto Alegre: Artmed.

FERNANDES, Laura (2018). Crescimento profissional na era das mídias sociais. Florianópolis: Letras Contemporâneas.

FERNÁNDEZ, José Manuel (2018). La nueva profesionalización en el entorno digital. Buenos Aires: Granica.

FIGUEIREDO, Carla (2021). Profissões digitais e mercado de trabalho. Belo Horizonte: Editora PUC Minas.

FREITAS, Ana Carolina (2017). Trabalhos emergentes na internet. Salvador: EDUFBA.

GARCÍA, Luis Fernando (2018). El marketing de contenidos y su impacto en las carreras digitales. Buenos Aires: La Crujía.

GARE, Arran (2019). The Philosophical Foundations of Ecological Civilization: A Manifesto for the Future. London: Routledge.

GILBERT, Chris (2018). The Gig Economy: The End of Employment and the Future of Work. San Francisco: Berrett-Koehler Publishers.

GONÇALVES, Pedro (2019). A evolução das profissões na era digital. Recife: Editora UFPE.

GONZÁLEZ, Marta (2017). El trabajo en la era digital: desafíos y oportunidades. Lima: PUCP.

GUTIÉRREZ-RUBÍ, Antoni (2012). Tecnopolítica: La democracia digital y la nueva esfera pública. Barcelona: Paidós.

HERNÁNDEZ, Ricardo (2020). Marketing digital y nuevas profesiones. Caracas: Fondo Editorial.

HORNBORG, Alf (2017). Global Magic: Technologies of Appropriation from Ancient Rome to Wall Street. New York: Palgrave Macmillan.

JOHANSSON, Frans (2012). The Click Moment: Seizing Opportunity in an Unpredictable World. New York: Portfolio/Penguin.

KANE, Gerald (2019). The Technology Fallacy: How People Are the Real Key to Digital Transformation. Cambridge: MIT Press.

KELLY, Kevin (2016). The Inevitable: Understanding the 12 Technological Forces That Will Shape Our Future. New York: Viking.

LANIER, Jaron (2013). Who Owns the Future?. New York: Simon & Schuster.

LIMA, Tatiana Andrade (2017). Marketing digital para carreiras: como a internet transforma profissões. Campinas: Papirus.

LOPES, Mariana (2019). Economía digital y nuevas oportunidades laborales. Madrid: McGraw.

LOPES, Ricardo (2018). Profissões emergentes na era da internet. Brasília: Editora UnB.

MACHADO, Fernanda (2020). Novas carreiras e o impacto da tecnologia. São Paulo: Summus Editorial.

MARTÍ, Jorge (2021). El futuro del trabajo: tendencias y nuevas profesiones digitales. México DF: Fondo de Cultura Económica.

MARTÍNEZ, Juan (2016). Profesiones 2.0: cómo la internet está transformando el mercado laboral. Santiago: Editorial Universitaria.

MEDEIROS, Juliana (2021). Influenciadores e empreendedorismo digital: novas fronteiras da comunicação. Fortaleza: Expressão Gráfica.

MÉNDEZ, Jorge (2020). Innovación y empleo digital: nuevas perspectivas profesionales. Caracas: Monte Ávila Editores.

MENDONÇA, Ricardo (2020). Transformações no mercado de trabalho: perspectivas digitais. Manaus: Valer.

MERINO, Ana (2015). Comunicación y nuevas profesiones en la era digital. Sevilla: Alfar.

MEYER, Eric (2019). Work in the Digital Age: Challenges of the Fourth Industrial Revolution. Oxford: Oxford University Press.

MOLINA, Carmen (2020). Las nuevas formas de trabajo en la era digital. Santiago: Catalonia.

MORGAN, Jacob (2017). The Employee Experience Advantage: How to Win the War for Talent by Giving Employees the Workspaces They Want, the Tools They Need, and a Culture They Can Celebrate. Hoboken: Wiley.

NOGUEIRA, Maria (2017). Empregabilidade e internet: desafios da nova era. São Paulo: Cortez.

OLIVEIRA, João Paulo (2020). Empreendedorismo digital: inovação e sustentabilidade. Porto Alegre: Bookman.

PEREIRA, Isabel Cristina (2021). Influenciadores digitais: o novo mercado de trabalho. São Paulo: SENAC.

PÉREZ, Santiago (2019). El auge de los trabajos digitales: oportunidades y desafíos. Montevideo: Planeta.

PETERS, Michael (2017). Technological Unemployment and the Future of Work. New York: Routledge.

PINHEIRO, Aline (2021). Trabalhos digitais: novas práticas profissionais. Brasília: Embrapa.

RAMOS, Felipe (2021). Tecnología y empleo: redefiniendo las carreras profesionales. Madrid: Alianza Editorial.

RIES, Eric (2011). The Lean Startup: How Today's Entrepreneurs Use Continuous Innovation to Create Radically Successful Businesses. New York: Crown Business.

RIFKIN, Jeremy (2014). The Zero Marginal Cost Society: The Internet of Things, the Collaborative Commons, and the Eclipse of Capitalism. New York: Palgrave Macmillan.

RODRIGUES, Helena (2019). Redes sociais e profissões digitais no Brasil. São Paulo: Scortecci.

RODRÍGUEZ, Esteban (2017). La revolución del trabajo: la digitalización y sus efectos en el empleo. Quito: Ediciones Continental.

ROMERO, Luis (2020). Emprendimiento digital: Innovación y adaptabilidad en la era de la información. Madrid: ESIC Editorial.

ROSS, Alec (2016). The Industries of the Future. New York: Simon & Schuster.

SANTOS, Júlio (2016). A era digital e o futuro das profissões. Curitiba: Juruá Editora.

SAVAGE, Mike (2020). Digital Economy: Rethinking Work and Place in the Internet Age. London: Sage Publications.

SHIRKY, Clay (2010). Cognitive Surplus: How Technology Makes Consumers into Collaborators. New York: Penguin Press.

SIERRA, Jennifer (2019). El teletrabajo y su impacto en las profesiones modernas. Madrid: Pirámide.

SILVA, Maria Clara (2021). Profissão Youtuber: entre o infotainment e a profissionalização no Brasil. Revista Brasileira de Estudos da Comunicação, v. 2, n. 4, p. 215-233.

STEINMETZ, Katy (2016). Digital Nomads: How Tech and Globalization Are Changing the World of Work. New York: Time Inc. Books.

SUSSKIND, Richard. SUSSKIND, Daniel (2015). The Future of the Professions: How Technology Will Transform the Work of Human Experts. Oxford: Oxford University Press.

SWEETS, Michael (2018). New Professions in the Digital Environment. Chicago: University of Chicago Press.

TORRES, Pilar (2018). Redefiniendo el trabajo: el impacto de la tecnología y la digitalización. Barcelona: Ariel.

VILLEGAS, Adriana (2018). Profesiones digitales: el futuro del trabajo en la red. Buenos Aires: Suramericana.

WARREN, Patrick (2021). Digital Work: Transforming Business Practices and Professional Identities. London: Sage Publications.

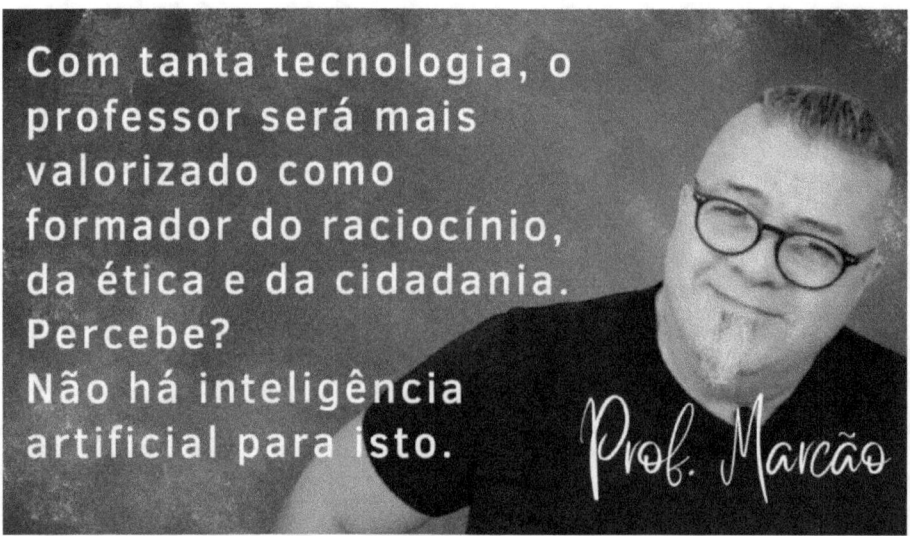

Figura 65 - Vamos valorizar os professores.

"Na vida não existem soluções fáceis. apenas escolhas éticas."

Michael Bloomberg[26]

---

[26] Michael Bloomberg é um empresário, político e filantropo americano. Ele é o fundador e CEO da Bloomberg L.P., uma empresa de serviços financeiros e de mídia, e também foi prefeito da cidade de Nova York por três mandatos.